시골생활

시골생활
지리산에서 이렇게 살 줄 몰랐지?

제1판 제1쇄 2015년 11월 23일

지은이 정상순
펴낸이 주일우
펴낸곳 ㈜**문학과지성사**
등록번호 제1993-000098호
주소 04034 서울 마포구 잔다리로7길 18 (서교동 377-20)
전화 02) 338-7224
팩스 02) 323-4180(편집) 02) 338-7221(영업)
전자우편 moonji@moonji.com
홈페이지 www.moonji.com

ISBN 978-89-320-2777-7

국립중앙도서관 출판예정도서목록(CIP)은 서지정보유통지원시스템 홈페이지
(http://seoji.nl.go.kr)와 국가자료공동목록시스템(http://www.nl.go.kr/kolisnet)에서
이용하실 수 있습니다.(CIP제어번호: CIP2015029534)

시골생활

지리산에서 이렇게 살 줄 몰랐지?

정상순 지음

문학과지성사

2015

실험과 변화는 지금도 진행 중

2014년 봄, 지리산에서 사람과 사람, 사람과 마을, 마을과 세계를 이어주는 일을 하고자 모였다는 비영리단체 '지리산 이음'의 두 사내로부터 커뮤니티 조사사업을 의뢰받았다. 지리산 권에서 '의미 있고' '재미있는' 일들을 펼쳐나가는 '자발적' 커뮤니티의 현주소를 살피고 알리어내는 것, 이것이 지리산 커뮤니티 조사사업의 핵심이었다. 그때 나는 생각했다. '왜, 나지?' 사내들은 내가 '커뮤니티'를 잘 이해하고 있는 것 같다고 했으나 나는 그날 밤 인터넷 검색창에 '커뮤니티'라는 네 글자를 입력해보는 것으로 그들의 기대에 부흥할 수 있었을 뿐이다.

'조용하게 살기.' 이것이 내가 10년 넘게 유지해온 시골살이의 전략이자 전술이었다. 엮이지 않기, 한 귀로 듣고 한 귀로 흘리기 등등 전략을 위한 다양한 전술도 구비되어 있었다. 애초에 연대나 어울림보다는 그저 도심의 북적대는 지하철 환승로에 멀미를 느껴서, 할리우드 영화의 빠른 속도를 따라갈 수 없어서, 콘크리트 건물 사이에서 역겨운 냄새를 풍기며 부질없이 썩어가는 음식물 쓰레기가 두려워서 결행한 시골행이었다. 이십대를 막 통과하고 돌아보니, 어부지리로 삼십대에 올라서 있다는 당황스러움과 안도감이 교차했던 시절 탓이기도 했다. 어쩌면 나는 더 외로워지고 싶었는지도 모른다. 그리고 실은 더 외로웠다. 내 세포 구석구석에 살뜰히 자리 잡은 도시의 기억은 오감으로 살아나 자주 내 의지를 배반했고, 나는 태연한 척하느라 더 많은 에너지를 소비해야 했다. 도시에서 내려와 지역에 둥지를 튼 지 햇수로 14년. 지역사회의 일원으로 살아왔으나 나는 가끔, 아니 더 자주, 여기가 아닌 저기를 꿈꾸기도 했고 이것이 아닌 저것을 내 것으로 삼고 싶기도 했다. 나는 20여 년 전 읊조렸던 최승자의 시 「내 청춘의 영원한」을 14년간 무한재생 중이었는지도 모른다. (그러나 깊은 관계를 맺지 않겠다는 마음가짐으로 내려온 이곳에서 나는 역설적이게도 남편을 만났고 아이를 낳았고 그 과정을 함께 바라봐준 친구들을 만났다. 모두 이곳, 도시가 아닌 지역, 지리산의 품 안에서 가능한 일이었다.)

내가 살고 있는 남원 산내는 총인구 2천 명 남짓한 면 단위 마을이다. 이 조그마한 마을에 못해도 40여 개가 넘는 크고 작은 소모임이 존재한다. 이들은 '재미있을 것 같아서' '하고 싶어서' 출발한 지극히 개인적인 태생을 지닌 모임이긴 하지만 '재미있는' 일들을 '의미 있는' 일들로 바꿔나가는 커뮤니티의 모태이기도 하다. 이런 움직임들은 비단 산내에만 국한된 것은 아니다. 지리산 전 지역에서 이러한 실험과 변화의 변주곡이 울려 퍼지고 있다. 20년 가까이 대안교육의 씨앗을 뿌려온 배움의 터전이 있고, 마을 사람들 스스로 만들어낸 마을 극단이 있는가 하면, 지역의 사랑방이 되길 자처한 마을 도서관이 있고, 커피숍인지 공연장인지 물품보관소인지 당최 정체를 밝혀낼 수 없는 카페도 있다. 이와 같은 '유형'의 커뮤니티뿐 아니라 '작은 마을'과 농촌 마을의 '이야기'에 투자하라고 부추기는 펀드가 있으며, 지리산 주변에 살며 글과 그림을 모아내는 여성들이 있고, 과거 4대 일간지의 아성에 도전장을 내민 마을신문 모임이 있는가 하면, 내 손으로 만든 물건을 들고 나와 다른 이의 솜씨를 구경할 수 있는 장터가 있다. 지리산권이라는 공통점 말고는 달리 묶일 방법이 없을 것 같았던 이들을 한데 묶어낼 수 있었던 것은 이 커뮤니티들이 제시하고 있는, 종전과는 조금 다른 삶의 방향에 관한 청사진 덕분이었다.

각오나 다짐은 애초에 없었다. 커뮤니티에 대한 개인적인 호기심을 충족하고 인터뷰 내용을 원고로 정리하는 과정에서 글쓰기 훈련이 덤으로 주어진다면 그것으로 충분했다. 그러나 인터뷰 첫날, 인터뷰어로서 품위와 예의를 지키고자 챙겨 입은 정장 상의는 내가 바짝 '쫄아' 있다는 증거가 되기에 부족함이

7

없었다. 넉 달간 20여 개의 커뮤니티를 취재하고 '지리산 이음' 홈페이지에 그 결과물을 올리는 작업이 반복되었다. 쳇바퀴처럼 돌아가던 그 넉 달이라는 시간 동안 나는 차츰 나 자신이 무장해제되고 있음을 느꼈다. 깊은 관계를 맺지 않겠다는 마음가짐이 시골살이의 시작이었듯, 지나친 감정이입과 감정의 과잉을 경계하며 조사사업에 임했던 나는 자주 인터뷰이의 세계에 설득되었고, 인터뷰를 마치고 돌아오는 길 위에서 먹먹한 가슴을 달래느라 자꾸만 차창 밖을 바라봐야 했다. 10년이 넘는 역사를 지닌 커뮤니티를 활자로 정리하는 일은 억지스러웠고 고단한 일이기도 했다. 그것은 내가 지역에서 살아온 시간을 돌아보는 일과 같았기에 더욱 그랬다. 이제 막 꿈틀대기 시작한 새내기 커뮤니티들은 발랄하고 다부졌다. 그것의 미래가 지금과 같기를 바라는 마음으로 원고를 정리했다. 인터뷰에 응해주신 모든 분들께 이 지면을 빌려 감사드린다. 그분들의 언어와 내 글 사이에 차이가 있다면 그것은 순전히 나의 책임이다. 지적해주시면 살펴어 바로잡을 것이다.

이 책은 크게 3부로 구성되어 있다. 우선 '전남 구례'를 1부로 묶고, '전북 남원'을 2부로, 마지막으로 '경남 산청·하동·함양'을 3부로 묶어, 각 지역별로 '재미있고' '의미 있으며' '자발적인' 커뮤니티를 소개하였다. 이러한 분류는 지리산의 지리적

조건에 기인한 바 크다. 특히 2부에서 다루고 있는 커뮤니티의 숫자가 다른 지역에 비해 많고, 많은 만큼 다채로운 것은 이 글을 쓰고 있는 내가 직접 살아가며 몸담고 있는 지역의 이야기이기 때문이다. 다른 지역에서도 이렇듯 '팔이 안으로 굽은' 인터뷰어들이 나타나 자신이 살아가고 있는 지역의 이야기를 그 지역과 경계 너머로 길어 올릴 수 있기를 진심으로 바란다.

각 부의 말미에는 전 지역을 아우를 수 있는 범지리산권 커뮤니티를 다룸으로서(「지리산의 내일을 묻다」), 지역과 지역을 잇는 교두보 역할을 할 수 있도록 배치하였다. 이는 범지리산권의 커뮤니티가 갖는 상징성과 무게감을 생각할 때 마땅하고 타당한 일이었다. 오랜 역사와 존재 자체만으로 의미를 갖는 커뮤니티와 함께, 지금 막 걸음마를 시작한 커뮤니티에 대한 관심의 끈 또한 놓지 않으려 애썼다. 그것은 20년에 가까운 지리산 커뮤니티의 역사에 무게중심을 잡고 과거를 돌아봄과 동시에 미래를 조망하고자 하는 '지리산 이음'의 마음가짐이기도 했다.

올해 초 몇몇 커뮤니티를 추가로 인터뷰하고 조사사업을 종료하는 사이, 인터뷰 대상 커뮤니티들도 크고 작은 변화를 겪었다. 구례군민극단 '마을'은 올 초에 또 한차례의 정기 공연을 치러냈고, 공간협동조합 '째깐한 다락방'은 공간을 옮겼다. '지리산닷컴'의 소통의 도구였던 '맨땅에 펀드'는 자체 안식년 종료를

알리며 이제까지보다 더 시끄럽게 살 것임을 공표했다. 이 밖에
도 다양한 변화가 있었지만 인터뷰 시점을 기준으로 삼아 그 내
용을 일일이 추가하지는 않았다. 내 게으름을 탓하며 일단 머리
를 숙인다. 그러나 각 커뮤니티의 실험과 그로 인한 변화는 지
금도 진행형이라는 변명도 마다하지는 않겠다. 커뮤니티는 고
착되고 정체된 그 무엇이 아니라 변화와 진화를 거듭하는 살아
있는 생명체임을 증명하고 있는 이 일련의 변화가 나는 반갑다.

이 책은 '지리산 이음'의 책이다. 커뮤니티 조사사업을 계
획한 것도, 그 사업이 시행될 수 있도록 경제적, 인적 지원을
아끼지 않은 것도 모두 '지리산 이음'이었기 때문이다. 혼자 할
수 있는 일이 아니었고, 실제로 혼자 하지 않았다. 두 사내와
함께 커뮤니티를 방문했고 인터뷰이를 만났다. 두 사내는 한 번
도 원고를 독촉하지 않았으나 나에게 더 많은 권한을 줌으로써
책임감을 부여하는 영리한 전술을 사용하기도 했다. 겁 많고 고
집 세고 까칠한 나를 믿어준 임현택, 조양호 두 사내에게 진심
으로 감사의 인사를 전한다. 이 책은 기실, 당신들의 책이다.
초등학교 시절부터 아빠는 늘 내 책상 한쪽에 200자 원고지
를 올려놔 주셨다. 글쓰기를 좋아하는 딸 때문이었다. 이 책의
시작은 어쩌면 그 200자 원고지다. 내 나이의 갑절을 살아 온
엄마는 예전보다 기억이 흐릿해졌다. 다행스럽게도 내가 엄마

의 소망을 대신 기억하고 있다. 이 책은 그 소망에 대한 답이다. 짧지 않은 시간, 지리산 사람으로 살아온 남편은 지리산 커뮤니티를 조사하고 그것을 원고로 정리하고 책으로 내는 일을 나보다 더 기뻐했다. 이 책은 그가 지내온 시간에 대한 메아리다. 큰딸 이랑이는 책을 좋아하고 글도 거침없이 쓴다. 마늘 까려고 펼쳐놓은 신문을 읽느라 마늘 까기는 뒷전인 이랑이에게 이 책은 또 하나의 미래일 수도 있다. 이제 초등학교 1학년이 된 작은딸 해랑이는 근심 어린 눈빛으로 내게 다음과 같이 조언했다. "엄마, 책이 요즘 잘 안 팔린다는데, 차라리 공책을 만들어서 팔지 그래?" 그렇다. 어쩌면 이 책은 텅 빈 공책이 되었으면 한다. 고집스런 활자들의 천국이 아니라 지역에서 또 다른 삶을 꿈꾸는 누군가의 소박하고 순결한 메모장이 되었으면 한다.

초짜임이 분명한 나를 꼬박꼬박 '선생님'이라 부르며, 천천히 친절하게 길을 안내해준 편집부 덕분에 이 여행이 두렵지 않았다. 따뜻하고 편안했다. 참 고맙다. 이 한 권의 책을 위해 얼마나 많은 분들이 애쓰셨을지 가늠하기도 어렵다. 그저 그분들에게 누가 되지 않을 책이었으면 좋겠다.

2015년 가을,
지리산 산내에서
정상순

차례

2부 전북 | 남원

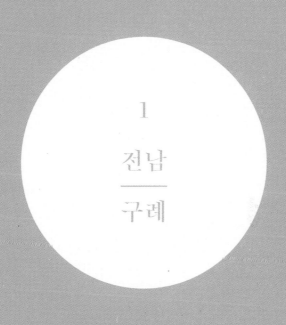

1

전남
—
구례

1
연극의 뿌리는 마을,
그래서 마을에서 시작합니다

구례군민극단 '마을'

구례군민극단 '마을'은 구례로 귀농한 전 국립극단 수석배
우 이상직 씨와 구례군민이 주축이 되어 지난 2011년 창단
한 극단으로, 문화의 근원지는 마을이며 그곳에서의 삶이야
말로 진정한 연극 행위라는 모토 아래 누구나 참여하고 누릴
수 있는 공연을 꿈꿉니다.

코끝이 시린 12월의 어느 날, 구례 섬진아트홀이 술렁댄
다. 쌀쌀한 날씨지만 티켓을 들고 로비를 오가는 사람들의 얼굴
이 어쩐지 상기되어 있다. 공연이 시작되기 전, 차 한잔을 건네
며 온기를 나누는 사람들도, 티켓을 배부하고 관람석을 안내하
는 사람들도, 모두 오늘의 공연을 위해 마음을 낸 자원봉사자들
이다. 무대 뒤에서 막이 오르길 기다리고 있는 단원들의 가슴
도 콩닥거린다. 부부 역할을 맡은 두 배우는 "마누라, 떨지 마"
"남편, 잘해" 하며 이미 무대 위의 인물이 되어 서로를 격려한

전남 | 구례

다. 어느새 300여 석이 꽉 차고 통로까지 발 디딜 틈이 없다. 그렇게 구례 군민의, 군민에 의한, 군민을 위한 구례군민극단 '마을'(이하 극단 '마을')이 창단 공연의 막을 올렸다.

구례 군민의, 군민을 위한 극단 '마을'

극단 '마을'은 2011년 창단하여, 2014년 3월까지 총 3회의 정기 공연과 한차례의 기획 공연을 치러냈다. 공연의 면면도 이채롭다. 창단 공연이었던 「인생콘서트 39°5″」은 닐 사이먼의 「굿 닥터The Good Doctor」를 구례 실정에 맞게 각색한 것으로, 다양한 인간 군상을 통해 웃음과 연민을 불러일으키는 작품이다. 2013년에는, 노벨문학상을 수상하기도 한 이탈리아의 극작가 다리오 포의 「안 내놔, 못 내놔Non Si Paga, Non Si Paga」를 각색하여 「슈퍼마켓 습격사건」으로 무대화하였다. 다리오 포는 이 작품을 통해 당시 이탈리아의 정치, 경제, 종교 및 사회상을 적나라하게 표현한 바 있다. 또한 2014년 정기 공연작인 「겨울 해바라기」는 재일 희곡작가인 정의신의 작품으로, 동성애자라는 멍에 속에서 고통받는 소수자들의 엇갈린 사랑과 그 사랑의 이면을 조망하는 문제작이다.

"아직은 연극이 뭔지 맛을 봐야 하는 시기라 웃음을 통해 편안하게 접근할 수 있는 작품을 선택하고 있어요. 하지만 작품들이 전하는 메시지가 가볍지만은 않습니다. 우리가 살아가는 과정 속에서 함께 고민해야 할 문제들을 제기하는 작품들이라고나 할까요. 연극은 질문하는 일과 같다고 생각해요. 아직은 큰 메시지보다는 연극 자체의 매력에 집중하는 시기지만, 이곳 구례에서 이야기를 발견하고 그 이야기를 연극으로 만들어나가는 과정을 단원들과 함께 체험하고 싶어요."

극단 '마을'의 단장인 이상직 씨의 바람이다.

극단 '마을' 단원들은 일주일에 한 번, 지리산 둘레길 구례센터에 모여 연습을 한다. 처음에는 마땅한 연습실을 찾지 못해 장례식장을 빌리기도 하였으나, 지금은 구례군에서 배려해준 덕분에 연습실을 찾아 헤매는 수고를 덜게 되었다. 매주 모여 연습을 하고 공연을 앞둔 시점에는 2개월 동안 매일 연습을 한다.

창단 공연 당시, 10명의 배우 중 9명이 완벽한 연기 초짜들이었다. 그중에는 터미널에 붙은 단원 모집 포스터를 보고 주저하다가 딸의 권유로 극단 문을 두드린 주부가 있고, 시를 좋아하다 이제는 아빠가 된 문학청년이 있으며, 외지에서 생활하다다시 고향인 구례로 돌아온 청년도 있고, 지금 막 귀촌 생활을 시작하려는 초보 귀촌인도 있다. 다들 생업과 연극 연습을 병행해야 하는 빠듯한 상황이었지만 공연 무렵에는 인원이 더 늘어났다. 음악극이었던 첫 공연에는 밴드도 투입됐다. 이 촌구석에서 왜 연극 같은 걸 하냐며 통박을 주던 가족들도 이제는 "연습하러 안 가냐"고 물을 만큼 든든한 후원자가 되었다. 극단 활동을 통해 단원들이 얻게 된 것은 삶의 활력이며, 지역에서도 어울려 살아갈 수 있다는 믿음이다.

마을 극단, 삶의 활력소이자 지역 정착의 원동력

극단 '마을'의 오늘은 술자리에서 농담처럼 시작되었다. 취기로 얼버무려진 그날의 약속은 기획력 있는 한 친구 덕분에 치기로 끝날 수 없었다. 지역경제 활성화만큼이나 지역문화를 꽃 피우는 일은 간절하고 소중한 일이었다. 이상직 씨는 장터에서 자연스레 어울리는 남사당패를 생각했다. 누구나 참여하고 누구나 누릴 수 있는 공연이 그가 꿈꾸는 극단 '마을'의 공연이었다.

그러나 초기에 열 명 남짓이 모여 꾸렸던 극단 '마을'은 해를 거듭하면서 그 모습도 달라졌다. 떨어져 나가는 단원이 있었고 다시 그 자리를 메우는 단원도 있었다. 예정된 수순이었다. 자신의 속살을 내보여야 하는 연극이라는 작업, 그 속에서 단원들은 배우로서 자신의 내면과 싸워야 했고, 나 아닌 다른 단원과의 갈등도 감수해야 했다.

"저는 경험이 있어서 괜찮았지만 처음 하시는 분들이니 힘드셨을 거예요. 오히려 첫 공연은 쉬워요. 두번째, 세번째가 어렵죠. 연기라는 게 결국 자기를 드러내는 거잖아요. 햄릿을 연기하든, 네로를 연기하든 결국은 자기를, 자기와 연결된 것을 연기하는 거죠. 쉽지 않은 일이에요. 하지만 연기를 하려면 반드시 유념해야 할 일이기도 하죠. 지금은 단원이 들기도 하고 나기도 하는 형편입니다."

단원들은 공연 연습을 통해 말 그대로 '배우'로서 살게 된다. 가끔은 이상직 씨의 요구가 힘에 겨워 투덜대기도 하지만 끊임없이 질문을 던지고 답을 찾고 또다시 묻는다. 그렇게 단원들이 변화하는 과정을 지켜보는 일은 그에게 행복하고 소중한 순간이다. 결국 단원들은 작품을 통해 '니'를 발견하게 되는 셈이다.

지역, 도시에서의 모순이 더 극명하게 드러나는 곳

극단 '마을'의 단장인 이상직 씨는 국립극단 수석배우 출신의 전문 배우다. 공공노조 국립극장지부 소속 배우로서 국립극단 재단법인화 과정의 불합리성을 밝혀내는 데 앞장섰던 그는 지난 2010년, 20년 넘게 몸담아 왔던 국립극단과 도시 생활을 접고 구례로 귀농했다.

"도시는 그 규모가 너무 커서 고통에 시달려도 그 고통의 원인이 뭔지 알 수 없는 경우가 많아요. 그러나 지역은 다르죠.

규모가 작으니 그 모순이 더 극명하게 드러나거든요. 지역에 내려와 보면 자연은 늘 이렇게 인간과 공존하는 건데, 도시에선 인간이 만들어놓은 인위적인 시스템에 갇혀 살다 보니 자연을 인식하지 못했던 것 같아요. 시스템의 모순이 극명하게 드러나는 지역에서, 도시에서보다 더 극적인 이야기를 끌어낼 수 있다는 생각을 합니다."

돈 있고 고상한 사람들의 전유물이 되어가고 있는 연극, 우리가 살고 있는 시대에 대한 고민을 담아내지 못하는 연극에 염증을 느꼈던 건 사실이지만, 단지 그것 때문에 이상직 씨가 귀농을 결심한 것은 아니었다. 마흔다섯에 귀농한 그는 삼십대부터 이미 귀농을 꿈꿨다. 일찍이 생명농업에 관심을 가진 그가 구례를 제2의 고향으로 선택한 이유는 '농사'를 짓기 위해서였다. 실제로 이상직 씨는 현재 3천 평 규모의 감나무밭을 경작하고 있는 '농부'다.

"러시아의 희곡작가 안톤 체호프를 좋아하는데 그 영향도 없지 않은 것 같아요. 체호프의 작품을 지루하다고 생각하시는 분들도 있지만 체호프만큼 예민한 작가도 없죠. 동시대를 읽어내는 시선이 참 소중해요. 체호프 희곡의 배경이 대부분 조그만 중소도시잖아요. 대도시가 아닌 소도시에서 거꾸로 세상을 조망한다는 점이 재미있어요."

지역과 도시가 융합하는 대안적 연극을 꿈꾸며

문화의 근원지는 농촌 마을이며, 그곳에서의 삶이야말로 진정한 연극 행위라 여기는 이상직 씨는 연극의 제의적인 성격에 주목한다. 원시 부족국가의 제천의식이나 마을 공동체에서 벌어지는 마을굿, 대동놀이가 바로 연극의 뿌리이기 때문이다.

귀농을 하더라도 연극을 포기할 생각은 없었다. 우선 농부로서 정착을 하고, 극단은 천천히 시작하겠다는 계획이 조금 당겨진 것뿐이었다. 도시에서처럼 극장에 앉아 관객을 기다리기보다는 마을로 들어가 마을 사람들에 의한, 마을 사람들을 위한 연극을 하면 될 일이었다. 그때시 이상지 씨는 찾아가는 공연, 즉 읍내의 극장까지 나오기 어려운 어르신들도 함께 즐길 수 있는 마을 순회공연을 꿈꾼다. 그러기 위해선 극단의 공연을 마을에 연결시켜줄 수 있는 기획력이 절실하다. 생업과 연극을 병행해야 하는 단원들로서는 적잖이 부담스런 일이지만 마을 속으로 들어가길 원하는 단원들도 없지 않다. 그는 도시의 동료들에게 지역으로 내려오라고 부추긴다.

"구례에서 성장하는 배우들과 도시에서 내려오는 전문가들이 만나 연극을 할 수 있다면 그것 자체가 연극의 대안이 될 수 있으리라 봅니다. 실제로 후배 한 명이 내려와서 같이 작업을 했는데, 보람을 느끼더라고요. 관객층은 다양한 편이에요. 구례에 사는 분뿐만 아니라 각지에서 보러 오시거든요. 시골에서도 문화생활을 누릴 수 있다는 점에 만족하시는 분들이 많고, 공연 관람을 통해 자신의 내부에 숨어 있던 끼를 발견하시는 분도 있습니다. 또한 구례는 둘러볼 곳도 많고 휴식을 취하기에도 좋은 지역이기 때문에 대안연극을 사업으로 현실화하는 것도 가능성이 있어 보입니다."

이상직 씨가 차기 공연작으로 점찍어 놓은 작품은 독일의 극작가 베르톨트 브레히트의 「사천의 선인」이다. 브레히트는 「사천의 선인」에서 주인공 셴테를 통해 신에게 이렇게 묻는다.

"신이시여, 이웃을 부러워하지 않고, 남을 이용하지 않고, 약한 자를 괴롭히지 않으면서 살고 싶지만, 착하게 살기는, 정말, 계명을 지키면서 살기는 정말 힘들어요. 대체 어떻게 살아야 하나요?"

이상직 씨와 극단 '마을'은 이토록 간절한 셴테의 질문에 어떤 대답을 하게 될까. '그저 착하게 살면 된다'는 극 중 신의 무성의한 대답과는 다른, 극단 '마을'만의 따뜻하고 현명한 대답이 기대된다.

• 2014년 정기 공연작 「겨울 해바라기」의 한 장면. 구례군민극단 '마을'은 지금도 꾸준히 공연을 올리며 지역주민과 만나고 있다.

2
이토록 발칙한
맨땅 투자기

맨땅에 펀드

'맨땅에 펀드'는 밥상에 오르는 작물을 경작하는 데 필요한
비용을 먼저 받고 투자자들에게 제철 농산물을 보내드리는
펀드입니다. 펀드 운용 과정에서 매주 펀드를 위한 임차농지
의 경작 상황과 마을 이야기를 전해드립니다.

100명의 사람들이 30만 원씩을 내놓았다. 그 이듬해에는
첫해의 3배에 이르는 사람들이 같은 돈을 냈다. 적지 않은 금액
을 냈건만 500원짜리 동전만 한 감자를 받고 가끔은 썩은 고구
마를 군말 없이 사들인다. 조합도 아니고 커뮤니티도 아니고,
자선단체는 더더욱 아닌, 이것은? 아연실색, 명색이 펀드란다.
'투자 위험등급 1등급'이라는 경고를 서슴지 않는 기획자와, 그
럼에도 불구하고 맨땅에 30만 원씩을 꼴아박은 투자자들의 아
슬아슬한 조합. 그들의 이름은 말 그대로 '맨땅에 펀드'다.

맨땅에 30만 원을 투자한 334명의 사람들

'맨땅에 펀드'는 7년여 동안 흔히 '오미동'이라 불리는 구례군 토지면 오미리 지역의 이야기를 담아온 인터넷 커뮤니티 '지리산닷컴(www.jirisan.com)'이 선택한 소통의 도구다. 그리고 그 소통을 위한 수단은 밥상이며 먹을거리다. 비용을 먼저 받고 투자자들에게 생산물을 보낸다는 점, 잉여 생산물 판매를 통해 얻은 수익은 운용 기금으로 사용하거나 남을 경우 투자자들에게 배당한다는 점에서 일반적인 펀드의 운용 방식과 다를 건 없다. 그러나 '맨땅에 펀드'의 중심에는 생산물인 농산물 이상의 것이 있다. 펀드 출사표에 의하면 "'맨땅에 펀드'는 농산물이 아닌 '작은 마을'과 '못난 나무들' 그리고 '이야기와 말씀들'에게 투자하는 바보 같은 펀드"이다.

'지리산닷컴' 안의 '맨땅에 펀드' 게시판을 훑어보니 펀드를 기획한 사람도 그 펀드에 투자한 사람도, 서로를 제정신이 아니라며(!) 쑥덕댄다. 게다가 이 펀드의 매니저는 수석 매니저인 '대평댁'을 비롯해 '지정댁' '남원댁' '최샌' '박샌'에 이르기까지 30년에서 50년 경력의 텃밭 운용 전문가들이 맡고 있다. 이토록 요상한 펀드의 기획자들은 1년 동안 일곱 차례에 걸쳐 약 21종의 농산물을 투자자들에게 보냈다. 3월에 첫 파종한 감자부터 5, 6월에 수확한 매실로 담은 매실청이며 쌀과 콩, 밀가루, 국수, 청국장까지. 그러나 투자자들이 회수하는 것은 농산물만이 다가 아니다. 그들은 농산물이 배달되는 사이사이, '맨땅에 펀드' 운용 인력이 제공하는 농사 생중계를 안방에서 감상할 수 있다.

"쇼핑몰에서 동전만 한 감자나 썩은 고구마를 보내면 소비자들은 화를 내겠죠. 하지만 과정을 공유하면 사정이 달라집니다. 농부가 그 감자를 어떻게 키웠는지, 밭을 어떻게 갈고, 씨를 어떻게 뿌렸는지 함께 지켜보는 거죠. 한창 가물 때, 물을 댈 수 없는 밭에 물뿌리개를 들고 헤드랜턴을 쓴 채 500번씩 왔다 갔다 하는 농부들을 지켜본 사람이라면 그 농부의 땀과 고통 또한 외면할 수 없을 테니까요."

'마을이장'이라는 닉네임을 쓰고 있는 '지리산닷컴'의 운영자 권산 씨의 설명이다.

그러나 투자자들에게 '무조건 감수!'를 복창할 수는 없는 노릇이다. 때문에 예비 투자자를 대상으로 선착순에 기반을 둔 일종의 자격 심사를 한다. '지리산닷컴'은 언제부터 들락거렸는지, '맨땅에 펀드'에 투자하는 나름의 의미가 펀드 운영 방침에 부합되는지, 혹시나 '맨땅에 펀드'를 유기농 쇼핑몰쯤으로 생각하는 것은 아닌지 등 간략하지만 철저한 투자 자격 심사가 치러진다. 이렇게 모이고 묶이다 보니 장단도 척척 들어맞는다.

'마을이장'이 구례 인근의 꽃나무 사진을 올리면 그 꽃향기가 못내 그리운 도시 투자자는 농담 반 진담 반으로 "꽃향기를 보내주세요"라는 댓글을 올린다. 며칠 후 도시 투자자에게 도착한 것은 감자와 오이와 산마늘과 놀랍게도 동백꽃 한 송이다.

시골 마을 이야기가 도시 투자자에게 스토리로

"감자를 수확한 농부가 20킬로그램 한 상자를 2만 원에 내놓겠다고 하면 그 값보다 더 쳐줍니다. 그리고 투자자들에게 설명해요. '저 농부가 얼마나 고생했는지 아시죠? 그 노동에 비해 감잣값은 너무 싸잖아요.' 그럼 다들 수긍합니다. 탈곡 전의 밀을 길게 잘라 보내드린 일도 있어요. 그랬더니 1년 내내 드라이플라워처럼 책상 앞에 걸어놓으셨다는 분이 계셨죠. 아마도 투자자 중에 30만 원이라는 돈을 농산물로 회수하겠다는 생각을 가진 분은 안 계실 거예요. 그분들이 그 돈으로 소비하는 건 아마도 '스토리'겠죠."

2012년 출범한 '맨땅에 펀드'는 '농사도 모르는 바보들과 아직 농사짓는 바보들의 좌충우돌'로 요약된다. 평균 3대 1의 경쟁률을 뚫고 펀드 투자에 '응시'한 투자자들에 의해 첫번째 펀드는 완판되었다. 이듬해는 투자자들을 3배 더 모집하였고 그 또한 거침없이 완판되었다. 그렇게 모인 출자금이 1억 원을 육박했다. 그해 그들의 헤드라인은 '농부들 그리고 3인의 검객'이었다. 첫해에는 오미동 인근의 농부가 생산에 참여했고, 2013

년에는 구례 전역으로 범위를 넓혔다. 사실 '지리산닷컴'의 문을 연 것도, '맨땅에 펀드'에서 펀딩을 시작한 것도 모두 장난처럼 벌인 일이었다. 민족중흥의 역사적 사명 따위는 일찌감치 없었다. '지리산닷컴'이라는 도메인을 사놓은 선배가 있었고, 선배의 꼬드김과 그즈음 권산 씨가 가졌던 도시 생활에 대한 의문이 타이밍상 일치했다.

"의식적으로 귀농이니 귀촌이니 하는 말들을 사용하지 않아요. 그냥 '이사 왔다'고 합니다. 부산이나 서울에서 했던 일들을 여기 구례에서도 하고 있으니까요. 웹 디자인을 했고 인터넷 커뮤니티를 통해 이야기하는 걸 좋아했어요. 그런데 문득 '나는 무엇을 위해 일하고 있나?'라는 의문이 들더라고요. 다르게 살고 싶고, 좀더 행복해지고 싶었습니다. 그래서 내려왔죠. 지금은 시골에 살고 있으니 시골을 중심에 두고 이야기해요. 걸어 나가기만 하면 얘깃거리는 무궁무진합니다. 어르신들 말씀엔 복선이 없어요. 잔머리 안 굴려도 되고, 그냥 말이 다죠. 그런 화법이 저한테 맞습니다."

지역의 자체 공판장을 꿈꾸며

'맨땅에 펀드'의 이른바 판매 조직인 '지리산닷컴'은, 2014년 8월 현재 안식년 상태다. 단체는 유지하되 활동가들이 안식년을 취하는 게 보통인데, 사이트 자체에 안식년을 허하고 있으니 이 발상 또한 기발하다. 농산물의 재배 면적은 넓어지고 일의 규모도 커지니, 가내수공업으로는 감당하기 힘든 상황이 된 것이다. 운영진은 큰맘 먹고 셔터를 내렸다. 그렇게 하지 않았더라면 올해뿐만 아니라 내년의 '지리산닷컴'과 '맨땅에 펀드'도 전망할 수 없었을 것이다.

안식년이니만큼 전개 상황은 불투명하지만 온·오프라인 주말 장터에 관한 계획은 내치지 못하고 있다. 이름하여 '젠zen· 장場!' '생각하는 장터!'인 것이다. 권산 씨는 크로아티아의 새태시징을 생각했다. 생필품을 사고파는 노천시장인 크로아티아 시장의 상징이 빨간 파라솔이라면, '젠zen· 장場'에는 오방색의 휘장이 펄럭일 가능성이 크다. '맨땅에 펀드'가 생각하는 주말 시장은 공판장으로 나아가기 위한 전초기지다.

"펀드는 몇몇 농부를 스타로 만들 수 있고, 그 농부에게 고마운 대상이 될 수는 있어요. 하지만 그 농부의 기본적 삶에는 아무런 영향을 미치지 못하죠. 유기농법이 아닌, 일반적인 농법으로 농사를 하면서 공판장에 납품하는 농부들 말씀을 듣고 많이 배워요. 사실 유기농 직거래라는 게 참 귀찮은 일이거든요. 일일이 전화 응대해야지, 개별 포장해야지, 그리고 일주일쯤 지나면 주문하는 사람 뜸하지. 그래서 가격이 들쑥날쑥해도 한꺼번에 수매해주는 공판장을 좋아하세요. 고정적인 수입이 되니까요. 결국 물류 시스템이 전환되어야죠. 지속적으로 지역 농산물을 내다 팔 수 있는 자체 공판장이 그래서 필요해요."

'지리산닷컴'의 이야깃거리가 필요해서, 장난으로, 가볍게 시작한 일이라지만 '맨땅에 펀드'는 재미로, 가볍게, 끝날 수는 없을 것 같다. 7년, 2,300일 동안 '마을이장'인 권산 씨 혼자 써 내려간 글만 1,600편에 이른다. 지리산에서 보낸 편지는 도시인들의 마음을 적시고 시골 마을이 존재해야 할 이유를 되새기게 하였다. 그들은 소통의 도구인 밥상을 가운데 놓고 둘러앉아 함께 웃고 울고 이야기했다. 그리고 그 밥상은, 먹을거리가 오가는 밥상에서 희로애락이 오고 가는 삶의 밥상이 되었다.

글쓰기와 인터넷으로 장난치기 이외에 별다른 잡기에 능하지 않은, 자거나 TV를 보거나 수다 떠는 것으로 휴식 시간을 보낸다는 권산 씨는, 어쩌면 그 꿀맛 같은 잠 속에서조차 오방색 깃발을 휘날리며 '맨땅에 펀드' 투자자들과 함께 시골 마을을 달리고 있을지도 모를 일이다. 혼자 꾸는 꿈도 늘 꿈으로 끝나진 않는다. 전염성이 강한 누군가의 꿈은 가끔 모두의 현실이 되기도 하기 때문이다.

3
내 땅 네 땅
구분할 맴이 없는 사람들

협동농장 '땅 없는 사람들'

협동농장 '땅 없는 사람들'은 공동 노동하고, 적절히 분배하고, 반드시 기부하는 사람들의 모임입니다. 농사는 짓고 싶으나 땅이 없는 사람, 땅은 있으나 뭘 해야 할지 모르는 사람, 땅도 있고 뭔가 하고 싶은 것은 있으나 혼자는 힘에 부치는 사람, 누구나 '땅 없는 사람들'과 함께할 수 있습니다.

"허걱, 이건 뭐지?"

아직 개간 중이라는 정보를 입수하긴 했지만 그래도 이건 너무하다 싶다. 진입로에서 풍기는 아기자기한 공원의 면모를 만끽할 틈도 없이 촘촘히 심어진 나무숲과, 그 한편에 삽과 괭이로 일궜다는 밭(이라 불려야 할 땅)이 눈에 들어온다. 거름기 하나 없는 흙은 바싹 말라, 바람이라도 불면 온통 공중으로 흩어질 기세다. 맨땅에 헤딩! 이 한마디보다 더 이 모든 상황을 집약해줄 적절한 말이 어디 있으랴.

땅은 없어도 원칙은 있다

처음에는 네댓 명이 모여 한겨레통일문화재단 평화공원을 관리하는 일로 시작했다. 공원을 관리하자고 모였는데 일의 성격이 불분명했다. '이럴 바에야 이 땅에 농사를 짓자.' 이것이 '땅 없는 사람들'의 시작이었다.

'땅 없는 사람들'에서는 땅을 구분 짓지 않는다. 내 땅과 네 땅의 구획 혹은 경계가 없다는 점. 이것이 '땅 없는 사람들'이 공동 텃밭을 일구는 여타의 모임과 다른 점이다. 이들은 실은, 구례에 살면서 자신의 땅을 일구고 있는 사람들이다. 그러나 내 소유가 아닌 곳에서 공동 노동, 공동 분배를 경험하거나 실천해보고 싶은 12명이 모여 땅 공부, 사람 공부, 마음 공부를 한다. 이들은 2013년 8월부터 땅을 개간하여 감자, 마늘, 양파를 심었다. '금요 공동 노작, 공동 분배, 생산량의 10퍼센트는 반드시 기부'라는 느슨한 원칙 속에서 일한다. 귀농학교를 거치지 않은 귀농인들이 좌충우돌하는, 더 이상 배울 것이 없으면 떠날 수도 있는 공동 협동농장이라고 할까. 그러나 다행히 두세 명의 고참 귀농자가 '맨땅에 헤딩'하는 일만은 막아주고 있다.

'땅 없는 사람들'의 관심사는 농작물만이 아니다. 공원 안에 이미 심어진 나무를 관리하는 일도 담당한다. 나무는 사람뿐만 아니라 자연 전체가 혜택을 누릴 수 있게 해준다. 1년 농사가 아닌 나무를 장기간에 걸쳐 함께 관리하고 그 성장을 함께 지켜볼 사람들을 모아 멤버십 제도로 운영하는 방법도 고민 중이다. 이 멤버십을 통해 외래종인 아이비 대신 다래와 머루 덩굴이 도시의 아파트 담장을 오르는 꿈을 꾼다.

　나무는 또한 야생동물의 삶터를 연결하는 생태 통로를 위해 쓰일 수도 있다. 이를테면, 반달가슴곰이 즐겨 먹는 다래나무를 반달가슴곰 서식지에 심어놓는다. 그 나무를 따라 지리산의 반달곰이 설악산을 향해 오르면 그 길이 바로 반달곰의 생태 통로가 된다. 이것은 그저 꿈일까? 꿈인들 어떠랴. 어떤 이에겐 꿈인 것이 어떤 이에겐 현실이다. 공동 노동과 공동 분배를 꿈꾸며 맨땅에 헤딩 중이 '땅 없는 사람들'에게 꿈은 곧 현실이다.

4
한 지붕 여러 가족의
이유 있는 동거

공간협동조합 '째깐한 다락방'

'째깐한 다락방'은 나눔과 배려로 살맛 나는 구례를 만들고자 하는 공간협동조합입니다. '째깐한 다락방'에서는 문화 강좌, 소모임, 물품 나눔 등이 이루어지며 구례에 사는, 구례를 사랑하는 사람이면 누구나 '째깐한 다락방'과 함께할 수 있습니다.

"애들아, 밥 먹고 가."

아침 7시 반, 등굣길 한쪽에서 어른들이 아이들을 잡는다. 아이들의 표정은 머쓱하다 못해 '뭐 이런 뚱딴지같은 어른들이 다 있나' 싶은 얼굴이다. 못 이기는 척 자리에 앉는 아이들도 있고 친구들과 소란스레 자리를 잡은 아이들도 있다. 밥을 다 먹은 후에도 쉬 곁을 주진 않는다. 먹으라 했으니 먹긴 한다는 둥, 근데 오늘은 국이 짜다는 둥 반응도 쿨하다. 밥을 먹고 가는 아이들보다 밥을 준비한 어른들이 더 신이 나 보인다.

아야, 밥은 묵고 댕기냐

'째깐한 다락방'은 2013년 8월, 구례읍에 문을 열었다. 구례 KT 건물에 자리 잡고 있던 기존의 국시모(국립공원을 지키는 시민의 모임) 사무실은 아무래도 외부인의 출입이 불편하여 새로운 공간을 모색하던 참이었다. '공간을 같이 써보는 것은 어떨까?' 하며 공간 공동 사용에 동의한 단체 및 개인이 모였다. 보증금은 국시모 회원들이 7년간 모아준 국립공원보호기금(실은 국시모를 보호하는 기금)으로 대신했다. 대도시라면 보증금의 액수가 커서 엄두도 못 낼 일이겠지만 지역이기에 가능했다.

이왕 모인 김에 공간만 같이 쓰지 말고 뭘 같이했으면 싶었다. 그래서 시작한 것이 등굣길 아이들에게 아침밥을 먹이는 '아야, 밥은 묵고 댕기냐?'였다. 매주 수요일 아침이면 50~60명 정도의 아이들이 다락방에서 밥을 먹고 간다. 그 아이들 모두가 실제로는 밥을 먹을 수 없는 환경의 아이들이 아닐 수도 있다. 그래도 먹고 싶어 하는 아이들은 먹인다. 선별 복지가 일반적인 요즘이지만, 선별 복지는 '나는 가난해. 그러니 나는 도움을 받아야 해'라는 낙인으로 둔갑할 수도 있기에 경계한다. 암암리에 따뜻함을 주고받는 행복. 이것이 '아야, 밥은 묵고 댕기냐?'가 주는 선물이다.

선물은 또 있다. 매주 한 번씩 아이들의 아침상을 준비하면서 다락방의 식구들도 함께 모여 밥을 먹는다. 밥은 꿀맛이고 마음은 넉넉하다. 함께 밥을 먹는다는 것, 차도 술도 아닌 밥을 함께 먹는 일은 가끔은 가슴 먹먹한 일이다.

함께여서 더 넉넉한 사람들

공간협동조합 '째깐한 다락방'(단연코 밥집이 아니다!)에는, 2014년 현재 국시모, 구례군민극단 '마을,' 전교조 구례지구, 지리산학교 구례/곡성 등 4개 단체가 이유 있는 동거 중이다. 28명의 조합원이 출자금 없이 매달 1만 원의 조합비를 낸다. '공간을 함께 쓰는 것,' 이것이 이들이 다락방에 모인 이유다. 대여비는 따로 책정되어 있지 않으며 비조합원인 경우에도 쓸 수 있다고 하니 말만 잘하면 셋방살이도 가능한 모양이다. 임대료는 다락방을 사용하는 각 단체가 나누어 내고 운영비는 조합비로 충당한다.

거창한 사업 계획은 없지만 한 달에 한 번 정도는 구례 사람들에 의한, 구례 사람들을 위한 강좌를 계획 중이다. 이처럼 공간이 필요해서 모이니 조직을 뛰어넘는 일도 가능했다. 이러한 공간 사용이 각 단체들의 교류 방법이나 활동 방식에도 변화를 가져왔음은 물론이다. '째깐한 다락방'은 공간 문제를 고민하는 단체들이라면 혹할 만한 공간 활용의 좋은 예다.

'째깐한 다락방'의 입주민들은 본격적인 추위가 시작되기 전, 다락방을 벗어나 둘레길로 향한다. 트럭을 몰고 온 사람이 있는가 하면 도끼를 든 이도 있고 톱을 들고 나서는 사람도 있다. 마실이라고 하기엔 복장과 장비가 너무 전투적이다. '햇살 가득 장작 나누기 모임'이란다.

"둘레길에 쓰러진 나무가 많다기에 장작 패러 가요. 어르신들 따숩게 지내시라구요."

공간을 넘어 조직을 넘어 온기를 나누는 사람들, '째깐한 다락방'의 동거에는 과연 이유가 있다.

공간협동조합 '째깐한 다락방'

● 공간협동조합 '째깐한 다락방' 내부. 여러 단체가 공간을 나눠 쓰며 다양한 활동을 벌이고 있다.

5
알콩달콩 어울려
꿈을 키워요

콩장

'콩장'은 판매를 주업으로 하지 않는 일반 주민들이 직접 수
확한 농산물, 가공식품, 수공예품 등을 판매 또는 물물교환
하거나, 안 쓰는 물건을 무료로 나눌 수 있는 자유로운 형태
의 장터입니다.

산책로를 따라 둘러진 빨랫줄에 A4용지가 나부낀다. '자그
마한 콩알처럼 맛도 좋고 영양도 많은 알콩달콩 재미난 우리가
만드는 장터'에서, 누구는 퀼트 패키지를 솜씨 좋게 진열하고
누구는 먹음직스런 햇밀빵을 담아낸다. 바닥에 펼친 돗자리에
학용품과 장난감을 늘어놓은 꼬마 상인은 오늘만큼은 엄마의
지갑을 여는 대신 스스로 용돈을 벌겠다고 벼른다. 타로를 봐주
겠다던 누구는 손님은 뒷전이고 구경이 먼저다. 헌 옷 팔아 번
돈을 죄다 써버리게 만드는, "아, 이 몹쓸 장터!"라는 기분 좋은

탄식이 장터 입구의 아코디언 소리와 어울려 노래가 되는 장터.
여기는 구례 '콩장'이다.

구례에서 소통의 공간을 펼치다

귀농 5년차 '호호언니'(류호화 씨)와 그보다 조금 늦게 구례
에 둥지를 튼 '일탈'(서규성 씨)이 작당을 했다. 구례에 내려와
마음을 나누던 동네 언니, 동생 사이었던 그들은, 애초엔 그저
그들만의 작은 숍 하나를 낼 생각이었다. 맞춤 공간을 마련하기
위해 구례 읍내를 돌아다니기도 하고, 도시형 장터인 마르셰를
모색하기도 했다. 그렇게 발품을 팔다가 결국 그들은 결심했다.
숍 얻으러 다니지 말자고. 우리가 살고 있는 바로 이곳, 구례에
서 시작해보자고.

도시와 달리 극장도 없고 이렇다 할 전시 공간도 없는, 때
문에 귀농귀촌 이전에 그런 기회를 누렸던 사람들에게는 퍽 아
쉬운 빈 공간. 지역에는 그런 빈 공간이 있다. 장터는 무엇인가
를 사고판다는 행위에서 벗어나 그 빈 공간에 대한 갈증을 해소
할 만한, 문화적인 욕구를 충족시킬 만한 대안이 될 법했다.

"귀농귀촌인을 대상으로 콩장을 생각한 건 아니었어요. 하
지만 아무래도 SNS나 블로그를 통한 소통이 생활화되어 있는,
소통의 욕구가 있고 그만큼 소통이 빠른 사람들이 모이게 되더

라고요. 사업적인 마인드로 시작했다기보다는 그런 소통의 공간이 필요했기 때문에 장터를 열게 된 것 같아요."

'일탈'은 콩장의 '장'을 펼치는 사람인 동시에 판매자의 한 사람이기도 하다. 장터 한쪽에서 직접 구운 머핀과 커피를 판다. 구례에 내려와 3개월간 빵 동아리 활동을 하였고 그 결과물을 판매하는 셈이다. 많은 판매자가 '일탈'처럼 지역에 내려와 배운 기술 혹은 예술(!)을 갈고닦아 장터에 나선다.

"도시에서 경험했던 직장 생활은 구태의연하고, 경제활동을 위한 기반은 필요하고…… 그런 와중에 사람들이 조금씩 뭔가를 만들어내기 시작하더라고요. 일종의 자구책이랄까. 본업은 아니지만 그런 움직임이 소소한 용돈 벌이를 위한 경제활동을 촉발시켰고, 콩장이 그 마중물이 된 셈이죠. 경제활동에 대한 욕구와 문화에 대한 갈증이 콩장의 시작이었다고 생각해요."

첫 콩장에는 열일곱 팀의 판매자 모둠이 참가했다. 평균 열에서 열다섯 정도의 판매자 모둠이 콩장을 드나든다. 구례뿐만 아니라 인근 지역인 남원, 순천에서 광양, 남해에 이르기까지 콩장에 대한 애정은 그 폭이 넓다. 특히 순천 지역 판매자들은 시골살이를 본격적으로 시작한 구례 지역 사람들과는 달리 귀농귀촌에 대한 청사진을 그려보고자 콩장의 문을 두드리는 사람들이다.

우리는 콩장에서 '논다'!

2015년 4월까지 열다섯 차례 문을 연 콩장이 쥐고 있는 키워드는 단연 유연성과 융통성이다. 안전을 고려해 '화기 사용 금지' 조항을 권고하였으나, 아마도 그 조항을 미처 확인하지 못했을 판매자 몇 분이 전을 부치거나 떡을 구워내느라 화기를 사용했다. 안전성 여부가 신경 쓰이긴 했지만 덕분에 먹을거리가 있는 흥청대는 장터가 되었다.

'공장에서 대량 생산되어 납품된 물품'도 금지 품목이었으나, 그렇다면 '봉지커피는?' '부침개와 곁들여 마시는 막걸리는?' 같은 문제가 제기되었다. 초등학교 운동회의 명물 '질긴 콘 소프트 아이스크림'과 캐릭터 풍선 따위의 장난감도 콩장에 가세하면서, 예상대로 의견이 분분했다. 따지기 시작하면 끝이 없을 논쟁거리였다. 즉각 유연성과 융통성이 발휘되었다. 장난감 아주머니에게는 헌 옷을 가져와 함께 파시는 방법을 권유했다. '일탈'은 생각했다. 이것은 극복의 대상이 아니라고. 받아들여야 할 그 무엇이라고.

판매자들 사이에서도 장사를 더 알차게 하고 싶은 부류와 장터에서 재미나게 놀아보고 싶은 이들이 자연스레 분화되었고 진화하였다.

"콩장에는 텔레비전 프로그램에 고정 출연하는 요리연구가의 제자분도 있고 웬만한 숍에 내놔도 손색이 없을 만큼 잘 만들어진 물품도 있어요. 하지만 누구나 다 그렇게 전문가처럼 멋들어진 물품을 내놓을 순 없잖아요? 콩장의 첫번째 취지는 재활용 장터, 즉 벼룩시장에 가까워요. 그리고 그것이 콩장의 생명력이기도 하고요."

누군가는 '일탈'을 '콩장장'이라는 직함으로 부른다지만 일의 명확한 체계나 조직의 선명한 규율을 선호하는 편이 아닌 그이에게 맞춤옷은 아닌 것 같다.

가볍게 시작한 '시장 놀이'니 콩장에는 참가비가 필요치 않고 참가비를 받았기에 감당해야 하는 필요 이상의 의무감도 없다. 장터 초반엔 쓰레기통을 세워두고 수거된 쓰레기를 '일탈'과 '호호언니'가 처리했지만 지금은 그마저도 치워버렸다. 자리를 편 사람이 가져온 물건을 모두 되가져 간다. 쓰레기도 예외는 아니다.

"조직의 체계를 갖추는 데 필요한 이런저런 조언들을 참 많이 들었어요. 그렇게 막무가내로 하다가는 다 말아먹는다는 격정도 들었고요. 그런데 들인 돈이 없으니 별로 아쉬울 게 없더라고요. 조직을 구축하기 위해 공간을 만들고 시간을 투자하고 역할을 나누고, 그럼에도 불구하고 그렇게 공을 들인 조직이 결국엔 와해되는 과정을 너무 많이 봐왔기 때문에 체계적인 조직을 만드는 덴 처음부터 그다지 관심이 없었어요."

장터가 거듭될수록 각자가 파는 제품에 대한 연구도 거듭

됐다. 잼을 만들어 파는 판매자는 제대로 된 잼 맛을 선보이기 위해 잼과 나란히 빵을 진열하고, 아무렇게나 쌓아두었던 재활용 물품도 보기 좋고 솜씨 있게 진열한다. 파는 이는 흥이 나고 사는 이는 구미가 당긴다.

"페이스페인팅을 하러 온 꼬마 판매자가 있었어요. 한번은 돗자리를 안 가져왔기에 빌려줬는데, 2주 후에 장터에서 마주치자마자 돗자리를 돌려주더라고요. 그때 생각했죠. '이 친구는 계속 콩장을 드나들겠구나.' 그 친구를 통해 콩장의 희망을 봤다고 할까요."

그럼에도 '일탈'은 늘 지원금이나 참가비를 고민한다. 홍보 때문이다. 참가하는 사람들이 이 장터에 나서기 위해 얼마나 많은 준비를 하는지 잘 알기에 그 장을 제대로 펼쳐주고픈 마음이 항상 있다. 지역 방송 프로그램에서 인터뷰를 요청해왔는데, 콩장도 그렇고 '일탈' 자신과도 잘 어울리는 콘셉트가 아니어서 거절한 일이 있다. 주위 사람들은 잘했다고, 꼭 할 필요는 없는 일이었다고 말해주었지만, '일탈'은 또 생각했다. '아무도 책임 지우지 않는 일이지만, 혹시 내가 해야 하는 일은 아닐까.'

사실 운영비도 만만찮다. 홍보 및 기획을 위한 개인 휴대전화 요금이 갑절로 뛰었고 전단지를 붙이는 데 드는 인쇄비며 종잇값도 거저 주어지진 않는다.

"참가비를 받지 않는 대신 빨간 우체통을 장터에 세워두고 각자 내고 싶은 만큼 후원금을 내도록 유도한 적이 있어요. 별소득이 없었죠. (웃음) 장터에 참가하는 사람들에게 정확히 인지시키지 못했거든요. 글쎄요, 후원금의 적정 수준이라…… 한판매자가 당일 수익의 몇 퍼센트를 떼서 후원하신 적이 있는데 그 정도가 적당하지 않나 싶어요."

구례 가면 콩장 가자!

'호호언니'와 '일탈'은 내 멋대로 혹은 네 멋대로 상상하는 일명 '상상회의'를 즐긴다. '구례 하면 콩장!'이라는 야무진 그림 또한 상상회의의 단골 소재다. 그러나 아직은 때가 아님을 누구보다 그들 자신이 잘 알기에 '너무 애쓰지 말고 힘들이지 말고 자연스럽게 유연하게' 가려고 한다. 벤치마킹의 대상이 될 만한 '선진' 장터를 넘보기도 하지만, 그들은 아직도 작고 영양가 많은 콩알의 맛을 믿는다. 때문에 서시천 강변길 가까운 곳, 콩장의 알찬 마당 가까운 곳에 콩장의 오프라인 매장이 생겼으면, 그래서 그곳에서 '콩장의 물품'이 판매되었으면 하는 '일탈'의 꿈은 단지 '상상회의'의 소재로 그치지 않을 공산이 크다. 그들의 콩장 '즐기기'는 여전히 진행형이기 때문이다.

• 먹을거리가 있어 흥청대는 장터.

• 콩장에서 판매하는 물품들. 내용물은 물론이고 포장이며 진열까지 판매자들의 실력과 정성과
센스가 빛난다. 말만 잘하면 시음 및 시식도 가능!

성찰과 순례의 길을 넘어
화합과 나눔의 장으로

지리산 둘레길 & 지리산 아트 프로젝트

곧장 오르지 않고 에둘러 가는 길, 봉우리가 아닌 마을을 만나는 길, 높이가 아닌 거리를 헤아리는 길. 지리산 둘레길은 3개 도 5개 시군 21개 읍면 120여 개 마을을 잇는 274킬로미터의 장거리 도보길입니다. 지리산 아트 프로젝트는 성찰과 순례의 그 길 위에서 만남과 축제의 장을 펼치기 위한 마중물이 될 것입니다.

"지리산 둘레길은 성찰과 순례의 길입니다. 바로 그 성찰과 순례에 대한 염원이 지리산을 에두르게 했을 테고요. 그 선언의 암묵적인 힘 덕분에 둘레길도, 그 길을 걷는 사람들도 묵묵히 버텨올 수 있었을 겁니다."

사단법인 '숲길' 상임이사 이상윤 씨는 지리산 둘레길의 시작을 이렇게 회고한다.

성찰과 순례의 길이 열리다

2008년 4월 27일, 남원 산내에서 함양 휴천에 이르는 지리산 둘레길 시범 구간이 개통되었다. 엄청난 사람들이 몰려들었다. 깎아지른 산비탈의 다랑논이 신기했고 조막손 같은 고사리도 반가웠다. 3만 5천 원이면 아랫목에 몸을 누일 수 있고 스무 가지가 넘는 반찬으로 가득 찬 아침상을 받을 수 있는 시골 민박은 경제적으로도 정서적으로도 만족도가 높았다. 성찰과 회고를 목표로 했던 순례의 길에 사람들이 경쟁적으로 모여들기 시작했다.

"1년 기준, 전체 300킬로미터(274킬로미터)당 약 30만 명의 사람들이 다녀가도록 디자인된 길이에요. 그런데 「1박 2일」 방송이 나가자 그해 추석 연휴에 12만 명이 70킬로미터를 다녀갔어요. 마음이 무거웠죠. 둘레길이 단순히 관광지로 변질되지는 않을까, 개발 욕구를 충족시키기 위한 또 하나의 흉물로 전락하지는 않을까 걱정이 앞섰습니다."

시범 구간 개통 후 전 구간이 개통되기까지 4년여의 시간이 흘렀다. 개별 구간 조성이 완료되면 곧 전체 구간을 개통하자는 의견도 있었지만 1년 정도 묵혀 두었다. 그사이 초반의 거품이 걷혔다. 인위적인 조정 기간을 거친 셈이었다.

전체 구간이 개통된 것은 2012년 5월 27일의 일. 개통식이 열린 구례군 밤재에, 최초의 지리산 둘레길 전 구간 완주자인 '지리산 둘레길 이음단'이 등장했다. 10대 1의 경쟁률을 뚫고 첫 완주의 기회를 잡은 1기 이음단은 15박 16일 동안 지리산을 에두르는 850리 길을 걸으며 마을과 마을을 이어나갔다. 그들은 왜 이토록 지리산 둘레길에 열광했던 것일까.

"자기 (돌아)보기죠."

이상윤 상임이사가 찾은 해답이다. 전체 구간이 개통된 후 개별 구간을 치고 빠지는 방문자보다는 전 구간을 걷는 사람들이 많아졌다. 지리산 둘레길이 성찰과 순례의 길이라는 제 옷을 찾아 입게 되었다. 방문자들이 원한 것은 지리산의 아름다운 풍광만이 아니었다. 나에게 말을 걸어오는 모든 것들을 외면하지 않는 것, 그 속에서 나를 돌아보는 것, 그것은 기적과 같은 체험이었다. 지리산 둘레길 이음단의 목표는 둘레길을 홍보하고 모니터링하는 것이었지만 정작 그들은 에둘러 가는 길 위에서 자신을 돌아봐야 했다.

지리산에 사는 예술가들 모여라!

지리산 둘레길 2기 이음단의 공식 명칭은 '지리산 둘레길 청년 이음단'이다. 실업 상태에 있거나 취업 준비 중인 청년들이 지리산에서 다시 희망을 찾고자 모였다. 이들은 참가비를 지원받는 대신 하동, 구례, 남원, 함양, 산청 등 5개 시·군과 함께한

이 마을 잔치는 젊은 인디음악인들과 지역 문화예술인 그리고 마을 주민이 함께 벌인 놀이판이었다. 청년이 노래하니 이장님이 답가를 하고, 청년이 춤을 추니 할미의 어깨가 들썩인다. 마을 농악단과 청년 이음단이 하나가 되어 북을 치고 장단을 맞춘다. 순례의 길은 화합의 길이 된다.

그러나 갈증이 완전히 해결된 것은 아니었다. 지리산 둘레길은 순례의 길이라는 본연의 자세를 계속 유지할 수 있을까. 마을과 마을을 잇는 그 길 위에서 사람들은 정녕 마을을 만났을까. 나는 정말 그 마을을 '알게' 된 걸까. 둘레길은 '길'이자 '공간'이어야 했다. 이상윤 상임이사는 생각했다. 이제, 그 길은 만남의 장, 축제의 장이 되어야 한다고.

"둘레길을 잇는 마을에서 지금껏 살아오신 어르신들의 이야기를 끄집어내려고 해요. 그 이야기들이 예술가에 의해 구체화되는 거죠. 서랍 깊숙이 보관되어 있던 사진 한 장이 전시될 수도 있고, 고개 너머 시집온 할머니의 사연이 조각물로 형상화될 수도 있어요. 그곳의, 그분들의 역사를 담아낼 마을 미술관, 마을 박물관이 있었으면 해요."

'지리산 아트 프로젝트'의 출발은 이러한 갈증에 대한 목축임이었고 질문에 대한 답 찾기였다. 복권기금 7천만 원을 종자돈으로 레지던스 프로그램이 진행되었다. 남원의 실상사와 산청의 성심원이 역할을 자청했다. 예술가들은 이곳에 기거하면서 창작 활동을 한다. 먹여주고 재워주는 대신 결과물을 만들어낸다. 베이스캠프 격인 실상사와 성심원에서 가시적인 성과가 나오면 그때 마을의 빈 공간으로 들어갈 계획이다. 환쟁이와 글쟁이가 마을의 할머니와 할아버지를 만나니 그들의 이야기는 예술이 되고 역사가 된다.

"예전에 대전시립미술관에서 현대사 관련 전시를 관람한 적이 있는데, 유신달력을 만들어 당시 무슨 일이 있었는지 꼼꼼히 기록해놓았더군요. 예술품의 전달력이란 이런 거구나 싶었죠. 부산 '산복도로 프로젝트'에선 가능성을 봤어요. 산복도로 근치에 형성된 산복마을은 6·25전쟁 후 피난민들이 모여 살던 곳인데, 아무래도 기반 시설이 취약하다 보니 주민들의 삶의 질이 떨어지고 마을에 대한 애착도 약한 편이었죠. 산복도로 프로젝트는 산복마을 주민들이 자신의 삶에 만족감을 갖고 마을에 대한 애착을 되살리고자 기획된 프로젝트였어요. 기억 속의 마을을 되살린다면, 지금은 사유화된 정자와 우물을 기억해낸다면, '함께' 살았던 그 시절을 떠올린다면, 용서와 화해가 갈등을 대신할 수 있을지도 모른다는 희망을 갖게 된 거죠."

유신달력과 산복도로 프로젝트에서 예술의 전달력과 가능성을 발견했지만, 이상윤 상임이사는 마을 사람들과 마음을 나누고 합의를 이끌어내는 과정과 방법이 여전히 조심스럽다. 지역에 이미 욕구를 가지고 있는 잠재 예술가들과 레지던스 예술가 사이의 조화를 꾀하는 일도 중요하다. 텃새를 존중하되 최소한의 관리를 위해 철새를 이용하자는 것이 프로젝트 추진위원회의 생각이다. 텃새들 간의 네트워킹에 철새들이 투입되는 것이다. 또한 관람자의 욕구와 지역 예술가의 목표 사이에 벌어질 수 있는 간극은 과정을 중시하는 태도로써 메운다. 창작 과정을 공개하여 그것을 하나의 볼거리로 만드는 방법도 해결책이 될 수 있다. 레지던스 예술가로 내려왔던 이들이 마을에 정착하여 마을 주민이 된다. 지리산 자락에 살고 있는 지역 예술가들이 결합한다. 고향을 떠났던 지리산 출신의 예술가들이 다시 지리산으로 모여든다. 이 모든 가능성이 열려 있다.

스스로 돌보고 가꾸는 둘레길을 기대하며

"프로젝트 자체의 성과보다는 지리산 아트 프로젝트가 하나의 파장이자 단초가 된다면 좋겠어요. 지나친 성과 때문에 마을이 관람지처럼 되는 것은 경계합니다. 자발성이 배제된 프로젝트는 의미가 없으니까요."

이상윤 상임이사의 가장 큰 고민거리는 지리산 둘레길의 유지·보수 문제이다. 신규 사업에 대한 투자는 후하나 기존 사업에 대한 지속적인 지원이 줄어드는 관행도 한몫을 한다. 이상윤 상임이사는 유네스코 세계문화유산으로 등재되어 있는 일본 구마노고고도에서 교훈을 얻었다. 구마노고고도는 일본 간사이 남쪽지역의 순례길을 통칭하는데, 천년이 넘는 시간 동안 사람들이 걸어온 이 길을, 관광부의 관리하에 지역의 어린이들과 주민들이 어울려 정비한다. 관리하되 손상시키지 않고, 우리의 아버지가 그러하였듯 나도 마을의 주민으로서 구마노고고도를 돌보고 가꾸는 일에 동참한다.

이상윤 상임이사 역시 둘레길의 유지 및 보수를 자원봉사자를 통해 해결하기 위해 남원시와 조율 중이다. 주민들의 의지와 힘만으로 둘레길이 안전하게 유지되고 보수될 수 있을지 우려하는 목소리가 없지 않지만 시도해보려 한다. 지역에 대한 자긍심은 마을 주민들의 자발성에 의해 만들어지기 때문이다.

지리산 둘레길은 더 이상 앞만 보고 가는 길이 아니다. 둘러보고 돌아보는 길이며 배려하고 마음을 나누는 길이다. 앞선 이들의 발자취를 좇아 뒤따를 이들의 발걸음을 안내하는 길이다. 때문에 이상윤 상임이사의 당부는 더욱 간절하기만 하다.

"지리산 둘레길 이용객 여러분, 제발 지역민들 배려해주시고요, 동네 어르신들 보면 깍듯이 인사도 부탁드립니다. 지리산 관련 공부를 하고 오시면 더욱 많은 것들이 보입니다."

저기, 고개 넘어, 길 위에서 길을 묻는 이들이 보인다. 묵묵히 주어진 길을 가는 이들이 보인다. 에둘러 가는 그 발걸음은 어느덧 너와 내가 꿈꾸는 바로 그 길이 된다.

2

전북
—
남원

1
헐렁하기 짝이 없는
글 쓰는 여자들의 연대

『지글스』

생활밀착형 B급 교양문예지 『지글스』는 '지리산에서 글 쓰는
여자들'의 줄임말로, 다채로운 여성들의 삶이 어우러진 '패치
워크 같은 잡지'를 지향합니다. 지리산 주변에 사는 여성이
라면 누구나 참여할 수 있으며, 지역 여성들의 창작 활동을
응원하는 주민들과 독자들의 후원으로 운영되고 있습니다.

"언니, 글 좀 쓸래요?"

"글? 무슨 글?"

"지리산에 사는 여자들이 쓴 글 모아 잡지를 만들려고요."

"그래? 그럼 한번 해보지 뭐."

깃털처럼 가벼운 그녀, '달리'의 속삭임에 귀 얇은 인간 하
나가 훌러덩 넘어갔다. 대단한 각오나 특별한 결심 없이 나는
그저 그녀가 하는 일이기에 그러겠다고 했다.

누구는 시를 쓰고 또 다른 누구는 소설을 썼다. 농사를 짓

는 촌부의 삶이 그려지기도 하고, 남편과 아들 사이에서 좌충우돌하는 주부의 일상이 웃음을 불러일으키기도 했다. 어떤 이는 교사였고, 또 어떤 이는 학생이었으며, 주부가 있는가 하면 농부도 있었다. 그들의 공통점은 단 하나, 지리산에 사는 여자들이라는 점이었다.

돈 내가며 책 내는 게 당연지사

나는 '달리'에게 글을 쓰겠다는 약속과 함께 글을 쓰고 싶어할 만한 또 다른 친구 '아니까'를 소개했다. '아니까'는 '새로'를 끌어들였다. '새로'는 아이들이 어릴 때 도서관 모임을 함께하며 나하고도 이미 안면을 튼 사이였다. SNS에 게재된 '중터아짐'의 글을 유심히 봐왔던 '달리'는 그녀 역시 필진으로 모셔왔다. '중터아짐'은 귀농학교 동기를 통해 10년 가까이 알고 지내던 동네 언니였다.

이럭저럭 열댓 명의 필진이 모였다. 이름은 들어봤지만 안면은 없는 이도 있었고, 이름도 얼굴도 처음인 사람도 있었다. '달리'를 중심에 놓고 방사형의 그물망이 형성된 셈이었다. 그 사이사이로 크고 작은, 혹은 질기거나 느슨한, 무수한 연결고리들이 존재했을 테지만 글로, 책으로 묶일 인연은 그 어느 것 하나 새롭지 않은 것이 없었다.

"근데, 뭘 쓰지?"

"희곡이나 연극에 관한 글을 쓰시면 좋을 것 같아요."

"그럴까? 그럼 그러지 뭐."

『지글스』의 앞날을 위한 작당의 날. '달리' '자정' '명심'이 함께 모인 자리에서 나의 글감은 그렇게 결정되었다. 연극 선생이라는, 연극 모임의 일원이라는 객관적인 정체성의 영향이었음이 분명하지만 "나는 시인이 꿈이었는데요, 가끔은 소설도 쓴다고요" 따위의 구시렁보다는 "그래, 그럼 한번 해보지 뭐!" 쪽에 몸을 실었다.

처음에 원고를 요구했던 '달리'는, 중반엔 돈을(!) 요구했다. 재미난 일을 도모하는 터이니, 그 비용에 대한 십시일반은 당연지사로 받아들여졌다.

"니들 글을 누가 실어주겠냐. 돈 내가며 책 내는 게 당연하지!"

「이삭의 관찰일기」를 쓰고 있는 '이삭' 부군의, 서글프지만 지당하신 일갈이었다. 원고를 싣는 대신 지면세를 내는 것으로 생각하면 될 일이었다. 흡사 월세였다. 아니 계간지이니 계절세라고 해야 하나? 아무튼 필자는 자신의 글이 실릴 한 평짜리 지면을 얻는 대신 후원금을 냈고, 편집자는 그 돈으로 인쇄비를 충당했다.

이거 B급 문예지 맞아?

그렇게 『지글스』 첫 호가 나왔다. 좀처럼 오프라인 모임을 꾸리지 않는 '달리'가, 그래도 책이 나왔으니 한번 모이자고 했다. 검색 엔진을 통해 일주일 만에 습득한 프로그램으로 편집 디자인을 담당한 '자정'과, 필진 끌어들이기부터 홍보 및 후원 따위의 자질구레한 일들을 도맡은 '달리'는 첫 호를 손에 쥔 순간 눈물이 날 만큼 기뻤다. 그러나 감격과 기쁨도 잠시, 잡지의 가독성에 의문을 품는 사람과 실린 글의 질적인 편차에 불편함을 느끼는 사람이 없지 않았다. 창간호 발행 직후 가진 첫 모임을 '달리'는 이렇게 돌아본다.

"직업적으로 책을 만들었던 사람들 눈에는 허접스럽기 짝이 없는 결과물이었을지도 모르겠어요. 하지만 평가하기 시작하면 아무도 글을 실으려 하지 않았을 테고, 여자들의 평범하고 일상적인 글을 싣고 싶다는 처음의 의도에서도 벗어났을 테죠. 내 취지에 공감하지 않는 사람들과 조율하는 일이 필요했기 때문에 창간호를 낸 직후에는 감격스러움과 더불어 씁쓸함을 느끼기도 했어요."

첫 모임은 설렘과 흥분에 휩싸인 창간 기념 모임이라기보다는 삐걱대는 소음과 분위기 파악에 집중된, 약간은 긴장된 분위기였다. 자기 일이니 자기 돈을 내는 일은 쉽게 동의할 수 있었지만, 우리가 좋아서 한 결과물을 남더러 돈 주고 사라는 의견에는 이견이 있었다. 이 문제에 대한 '달리'의 답변은 냉정하고도 깔끔했다.

"돈이 없으니까요."

이미 독립출판의 생리를 경험한 다른 구성원들에게 유료 배부에 대한 고민은 시대착오적인 것이었다. 또한 좀더 치열한 글쓰기를 지향하는 사람과 완성도 있는 결과물을 원하는 사람들에겐 다소 부족한 창간호이기도 했다. 그렇게 누군가는 떨어져 나가고 또 누군가가 그 자리를 메웠다. 가독성이 떨어지는 것이 어찌 편집디자인만의 탓이겠느냐만, 어쨌든 '달리'는 디자이너에게 정식으로 여름호를 맡겼다. '아니까'와 친분이 있는 '전문' 디자이너였다. 예상대로 쌈박한 물건이 탄생했다. '달리'의 집시 치마를 걸친 채 맨발로 풀밭을 거니는 '자정'의 하반신을 '명심'이 찍었다. 의상 '달리,' 모델 '자정,' 사진 '명심'의 환상 궁합이 만들어낸 표지였다. 해상도 좋은 사진과 맵시 있게 뽑아낸 표지 글이 한눈에 들어왔다. 그러나 멤버들의 반응은 또 가지각색이었다.

"보기 좋네."

"읽기도 좋고."

"근데, 이거 B급 문예지 맞아?"

이것은 여자들의 글쓰기다

보기 좋고 읽기 좋다는 의견과 함께, 그러나 어쩐지 B급 문예지를 표방하는 『지글스』의 정체성과는 어울리지 않는다는, 말하자면 "우리가 이래도 되는 거야?"라며 휘둥그레진 눈을 껌뻑이는 사람들도 있었다. 다양한 의견은 '조금 모자라더라도 우리 수준에 맞게, 우리가 해보자'는 쪽으로 가닥을 잡았다. 이어서 가을호가 나왔다. 이번에는 전문 디자이너가 잡아준 포맷에 맞춰 봄호처럼 '자정'이 편집디자인을 맡았다. '달리'가 의상을 준비하고, 유일한 청소년 필자인 '영'이 그 옷을 입고, '명심'이 촬영한 표지는 B급스런 『지글스』의 정체성을 다시 확보해주었다.

그러나 아마추어리즘에 동의한 것도 아니요, 전문 글쓰기 집단을 표방한 일도 없는 『지글스』에 대한 내 줄타기는 계속되었다. 조금 발전적인, 어쩌면 세속적인 글쓰기를 하고 싶다는 개인적인 욕망과, 나의 글과 타인의 글이 병렬로 이어져 있을 뿐 서로에게 아무런 영향을 끼치지 못하고 있다는 무력감도 한몫을 했다. 『지글스』에 실린 다른 글을 읽기 위해서는 많은 시간적, 정신적 노력이 필요했고, 내 글이 제대로 실렸는지만 확인한 후에 책을 덮어버리는 일이 반복되었다. 그렇게 줄타기를 넘어 널뛰기를 하고 있던 어느 날, 비 갠 뒤 문득 다가오는 능선처럼 선명하고 분명하게 마음속으로 걸어 들어오는 무엇이 있었다.

'이것은 여자들의 글쓰기다.'

엄마를 여자로서 인식하는 일이 쉽지 않았고 여전히 여의치 않은 것처럼 나의 두 딸도 그러리라는 점은 자명했다. 그러나 이 글쓰기가, 혹은 이 글쓰기를 위한 여자들의 쑥덕거림이 여성으로 살아갈 내 아이들의 가슴을 적실 수 있다면, 그래서 자신을 혹은 엄마를 주체적인 한 인간으로 바라보는 일에 머뭇거리지 않을 수 있다면 좋겠다 싶었다. 줄타기와 널뛰기를 멈출 수 있었던 이 바람이 '달리'의 다음과 같은 원대한 희망에 딱 들어맞는 것은 아니었겠지만 말이다.

"다르게 살고 싶어서 내려왔는데, 이 마을에서도 오피니언 리더는 역시 사십대 남자더라고요. 낄 만한 자리도 없고 뭘 같이 해보자고 제안받은 일도 없었죠. 여중, 여고를 나와 여성주의 단체에서 줄곧 일해왔기 때문에 남자들과 같이 일하는 것이 익숙지 않기도 했어요. 관심사도 다르고요. 헌데 특히 문화 활동이나 창작 활동 같은 건 여자들이랑 하면 시너지도 크고, 무엇보다 자연스럽거든요. 여자들이 자신의 욕망을 펼칠 수 있게 동기를 부여하고 능력을 발휘할 수 있는 장을 마련해보고 싶었어요."

1년이 흐르고 네 권의 『지글스』가 나왔다. 60페이지에 불과했던 창간호는 겨울호에 이르러 200페이지에 육박했다. 들고 나는 사람들이 있으나 대체로 15명가량의 필진이 항시 대기 중이다. 겨울호를 내고 『지글스』 1년을 마감하는 조촐한 자리에서 누구는 『지글스』를 통해 자신의 삶을 위로받았노라고 고백하고, 누구는 자신에게 주어진 지면의 소중함을 강변하고, 또 누구는 속살거림의 간절함을 강조한다. 흡사 부흥회이며 간증의 시간이다. "우리는 만날 우리끼리 좋대" 하는 통박 아닌 통박에 "우리끼리라도 좋아해야지, 안 그래?"라는 상큼한 자화자찬이 오간다. 어쩌면 이만큼의 시간이 필요했을지도 모른다. 글로 엮여 새로운 인연을 만들어갈 우리들만의 시간이.

• 마을 카페에 마련된 『지글스』 무인 판매대. 『지글스』는 지역 여성들의 창작 활동을 응원하는 주민들과 독자들의 후원으로 운영되고 있다.

• 여자들이 자신의 욕망을 펼칠 수 있게 동기를 부여하고 능력을 발휘하는 장을 마련해보고 싶었다는 『지글스』 편집장 '달리.'

지리산에서 불어오는
상큼한 문화 바람

꽃무늬 집시 치마가 어울리는 그녀, 『지글스』의 편집장이자 타로,
글쓰기 강좌 등 산내 인근에서 각종 '핫'하고도 참신한 문화 행사
를 벌이고 있는 1인 기획사 '문화기획 달'의 대표 '달리'를 만났다.

**『지글스』를 만들 당시, 돈도 경험도 같이할 사람도 없었다던데 대체 어
떻게 만들 작정이었나요? 뭐 특별히 믿는 구석이라도?**

그냥 할 수 있을 것 같았어요. 중간에 엎어져도 상관없다고 생
각했구요. 그렇게 가볍게 덤비니 도와줄 사람들이 생기더라고요.
같이 마음을 모은 사람이 또 다른 사람을 소개해주기도 했구요. 사
실 어이없는 일이죠. '책? 내가 왜? 네가 뭔데? 나올지 안 나올지도
모르는 책인데' 이런 생각하는 게 당연하잖아요. 그래서 거절당하는
것도 당연하다고 생각했어요. 연애할 때도 고백을 무지 많이 하는
편이였거든요. "선배 괜찮은 거 같아요. 우리 사귀죠." 뭐 이런 식으
로요. 물론 거절당하기도 했는데 그다지 상처받지 않았어요. 내 마
음을 받아주지 않더라도 알아주는 걸로 충분했으니까.

재미난 일을 많이 벌이잖아요. 글쓰기 수업도 하고 가수를 모셔와 공연도 하고 꿈분석 워크숍도 하고. 지난 연말엔 사업 설명회 겸 후원 파티도 여셨죠? 대체 그 밤하늘의 별 같은 아이템들은 '달리' 어디에 쏙쏙 박혀 있는 겁니까?

문득 그런 아이디어들이 떠올라요. 어렸을 때부터 그랬어요. 머릿속에 그림이 그려지거든요. 그걸 실현해보고 싶어서 그랬는지 무슨 일을 하다 보면 늘 주도하는 입장이 되어 있었어요. 학급신문을 만들어도, 문집을 만들어도 편집장을 도맡았죠. 피곤하고 부담스럽기도 했지만 성격 탓인 것 같아요. 다행히 그런 아이디어들이 실현되는 과정을 지켜보는 게 재미있어요.

재미란 말이 나와서 하는 말인데, 『지글스』도 재미있을 때까지만 낼 거라면서요? '달리'는 뭐가 재밌는데요?

구현되든 안 되든, 아이디어를 떠올리는 것 자체가 재미있어요. 『지글스』도 아무 계획 없이 대충 『지글스』에 대해 읊어놓은 A4 용지 한 장 들고 시작했어요. 근데 그게 저절로 굴러가는 거예요. 또 굳이 하자고 질척거리지 않았는데 같이하자는 사람이 생기니 그것도 재밌죠. 사실 『지글스』엔, 일기나 넋두리를 공개적으로 늘어놓은 것처럼 보이는 글들도 있어요. 그런데 그런 글들도 반복되면 달라지거든요. 이전과는 다른 것을 새롭게 해보려는 멤버들도 생기고요. 그런 변화도 참 재미나죠.

『지글스』의 편집장이자, 필자로서 '달리'에게 글쓰기란 뭡니까?

음, 글에 관해서는 살리에르 같은 심정이에요. 중고등학교 때까진 꿈이 시인이었어요. 아빠의 지인이 고은 시인의 제자였는데 그분한테 제가 쓴 시를 편지와 함께 보냈죠. 근데 그분이 이렇게 말씀하시는 거예요. '너는 글을 쓰기 위해 태어난 사람이다.' 여기까지는 좋았는데, '근데 운문보다는 산문을 더 잘 쓰는 것 같구나.' 나는 시를 쓰고 싶은데 동봉한 편지를 보고 좋다고 하시잖아요. (웃음) 이게 일종의 트라우마가 됐어요. 여성주의 단체에서 일하면서 고소장이나 진술서 쓰는 일 같은 직업적인 글쓰기만 하다 보니 늘 글쓰기에 목말라 있었지만 한편으론 자질이 부족하다는 생각을 떨쳐버릴 수 없었죠. 그래서 내가 더 잘할 수 있는 걸 선택했어요. 사람들을 모으고 그들이 재미나게 놀 수 있는 무대를 만들어주는 쪽으로요.

수지 타산은 맞습니까?

판로를 고민 중이기는 해요. 더 많이 읽혔으면 하는 바람이라기보다는 인건비라도 뽑을 수 있었으면 해서요. 아무래도 책을 만들면 배부도 해야 하고 발송도 해야 하니 비용이 발생하잖아요. 그런 비용을 충당할 만큼의 돈이 필요해요. 그래서 '문화기획 달' 활동으로 지원을 받고 그 사업의 결과, 꾸려진 돈으로『지글스』를 만들까 하는 생각도 있어요.

다채로운 여성들의 삶이 어우러져 마치 하나의 조각보처럼 아름다운 작품이 되는 '패치워크 같은 잡지' 『지글스』가 경쾌한 수레바퀴처럼 재미나게 굴러가기를, 그래서 '달리'가 『지글스』를 때려치우는 일이 없기를 진심으로 바랍니다.

제가 때려치우면 다른 사람이 편집장 하면 돼요. (웃음)

지리산에서 글 쓰는 여자들을 위한 무대를 펼쳐준 '달리'는 여전히 "재미없으면 관두겠다!"는 일관성 있는 독백을 읊조리고 있다. 글쎄, '달리,' 관두는 일이 그리 호락호락하지만은 않을 걸요. 이제는 서로 맞잡은 손, 쉽게 놓지 않을 테니깐요!

2
마을 한복판에서 벌어지는
신명 나는 놀이 한마당

산내 놀이단

'산내 놀이단'은 겨울철 농한기를 맞아 동네 어르신들을 모시고 신명 나는 놀이판을 펼치는 아마추어 놀이단입니다. 배우, 연출뿐만 아니라 기획부터 공연 진행까지 전 과정을 산내마을 주민들의 힘으로 일궈내고 있는 산내 놀이단! 놀이단과 함께 산내의 진화는 계속됩니다.

"자, 이제 준비하세요! 어머님 아버님들 입장하십니다!"

무대 뒤 배우들의 움직임이 부산스럽다. 조명 팀도 음향 팀도 마지막 큐 사인을 체크하느라 분주하다. 비록 탁구대를 옆으로 세워 급조한 배우 대기실이지만, 불안한 걸음걸이로 사다리를 기어 올라가야 하는 부실한 조명실이지만, 첫 관객을 맞이하기 위한 배우와 스태프의 눈빛은 전문 공연단 못지않다. 공연장인 산내초등학교 체육관 입구에서는 자원봉사자들이 손수 어머님 아버님의 발에 실내용 덧신을 신겨드린다. 놀이판 구경하면서 주전부리하시라고 떡과 음료를 챙겨드리는 일도 잊지 않는다. 차량 운행 자원봉사자들이 골짝 골짝의 어르신들을 체육관까지 모셔 오면 산내 대표 광대이자 놀이단 단장인 윤여정 씨와 월매, 각설이 등 일인 다역을 맡은 오순이가 판을 뜬다.

"어머님 아버님, 안녕하세요! 어제 밤새 눈이 많이 내려서 어머님 아버님들 놀이판 구경 못 오시면 어쩌나 걱정했어요. 다행히 날이 갰네요. 이렇게 보러와 주셔서 정말 감사하구요, 자식 같은, 손주 같은 마을 사람들이 함께 준비한 공연이니까 웃고 싶을 때 크게 웃으시고 박수 치고 싶을 때 맘껏 박수 치면서 재미나게 구경하세요."

산내 대표 '카수'인 '두레 언니'가 멋들어지게 「달 타령」을 한 곡조 뽑고, 오늘만큼은 앞치마 대신 빤짝이 미니스커트를 걸친 치킨집 '명효'가 「황진이」를 목청 돋워 부르니 객석도 덩달아 흥청댄다. 원천마을 두부공장 '준모 오빠'의 가슴에 단 빨간 꽃만큼이나 어머님들의 애정 공세는 뜨겁기만 하다.

저 차력사, 한의원 원장님 아녀?

"아이고, 춘향아. 니가 그렇게 칼 쓰고 앉았는 꼴을 보니 내 기가 맥혀서 대사를 다 잊어뿌렀다. 니가 먼저 혀봐라."

본 공연인 「춘향전」의 막이 올랐다. 어제 밤늦게까지 민박

손님 치다꺼리를 했다며 피곤해하던 오순이가 기어코 대사를
놓쳤다. 그러나 당황스러운 건 상대역을 맡은 나뿐인 듯하다.
조명을 잡은 현택 씨도, 음향 키를 조절하던 나무 아저씨도, 공
연이 시작되기 전만 해도 긴장된 모습을 감추지 못하던 놀이단
추진위원장 상용 씨도 박장대소를 하며 즐거워한다.

변학도의 생일 축하연에는 벨리댄스 팀, 부부 살사 팀, 청
소년 마술사 등 산내의 특급 소모임이 대거 출연했다. 흡사 동
아리 한마당을 방불케 하는 분위기다. 까나리액젓을 사발째 들
이켜고, 각목을 맨손으로 두 동강 내는 차력단은 단연 놀이단의
분위기 메이커다. 차력단 공연이 진행되는 동안 어머님끼리 귀
엣말을 속삭이신다.

"저, 저분 한의원 원장님 맞지?"

맞다. 복면과 분장으로 신분을 감추려는 그들의 피나는 노
력에도 불구하고, 마을 주민이자 동네 초등학교 선생님인, 혹은
마을 주민이자 동네 한의원 원장님인 그들의 실체를 모르는 사
람 빼놓고는 다 안다.

우리가 해도 것보다는 잘하겠네

농한기인 겨울, 약장사가 마을로 들어왔다. 그들은 시답지
않은 노래 한두 곡과 재담으로 어르신들을 쥐락펴락했다. 윤달

이 낀 그해에는 10만 원도 안 하는 중국산 싸구려 수의를 100만 원이 웃도는 가격으로 팔았다. 묘하게 경쟁심을 자극하던 그들의 상술에 열 분을 웃도는 어르신들이 가짜 수의를 샀다. 소문의 진상을 확인하기 위해 산내 청년 서넛이 현장을 시찰했다. 현장 확인 후 그들이 던진 첫마디는 이랬다.

"우리가 해도 것보다는 잘하겠네."

단장을 맡은 윤여정 씨는 당시를 회상하며 이렇게 말한다.

"막연한 자신감 같은 게 있었어요. 동갑내기 동기들이랑은 같은 시대를 살아왔다는, 이 친구도 이 시대를 솔직하고 성실하게 살아왔으리라는 신뢰가 있었고요. 연배가 있는 형님들은 한 마을에 살면서 이런저런 모습을 뵈어왔기 때문에 내가 뭘 하자고 하면 진지하게 받아주실 거라는, 응원해주시리라는 믿음이 있었죠. 그런 믿음 때문에 자신감을 갖고 시작할 수 있었던 것 같아요."

윤여정 씨는 산내에서 벌어지는 크고 작은 행사에서 빠짐없이 쇠를 잡는다. 대보름날에도 운동회 날에도 하다못해 개업식이며 집들이까지 그에게 지신밟기며 대동놀이를 청하는 주민이 한둘이 아니다.

"놀이단을 시작하자는 놈도 미친놈이고 그걸 따라 한 놈도 미친놈이었다"는 총무대감독 정충식 씨의 말처럼 이들은 지난 겨울 미친 마음을 모아 한마음으로 엮어냈다. 떠오르는 신예 차력사 서만억 씨는 왜 그렇게 재밌었는지 모르겠다며 아직도 고개를 갸우뚱거린다. 돌아보니 어르신들을 위한 공연이 아니라 나 자신을 위한 놀이판이었다는 것이 서만억 씨가 놀이단을 통해 얻은 선물이다.

본 공연이었던 「춘향전」에서 방자 역을 맡아 일약 '산내 대세'로 떠오른 유성철 씨는 다음과 같이 소감을 밝혔다.

"어르신들을 위한 공연이었지만 제 자신이 가장 행복했던 겨울이었어요. 처음부터 판을 추진하고 계획한 사람들의 노력과 열정이 없었다면 불가능한 일이었을 겁니다. 배우로서도 행복했지만 마을 주민으로서도 정말 행복했습니다. 자원봉사자를 비롯해 대동의 장을 만들어주신 모든 분들께 감사드리고 싶어요."

마을의 일원으로 살아간다는 것

올해로 도시를 떠나 산내에 둥지를 튼 지 13년이 되었다. 소규모 농사를 중심으로 어렵지 않게 묶였던 10여 년 전의 귀농 공동체는 분화와 변화를 거듭하는 중이다. 10여 년의 시간 동안 마을이 겪었던 변화만큼 내 마음 또한 들썩였더랬다. 도시로의 회귀를 고민한 것은 물론이요, 다른 지역으로 또 한 번의 귀농을 꿈꾸기도 했다. 꼭 어울려 살아야 맛이 아니라며 시골살이의 삐딱선을 강조하기도 했다. 놀이단 역시 좋은 일이라는 판단에서 참여한 것이었지만 내 일이라는 확신이 서지 않았다. 그러나 놀이판의 대미를 장식한 대동놀이 한마당에서, 그 흐드러지는 춤사위 속에서 나는 생각했다. 마을의 일원으로 살아가는 일은, 책임감과 의무감으로 얼룩진 갑갑한 일이 아니라고. 마을의 일원으로 살아가는 일은 생생함과 따뜻함을 체감할 수 있는 신나고 가슴 벅찬 일이라고.

"큰 기대 안 했는데, 전문 배우들보다 잘해. 정말 재미지게 봤어."

중황마을 이장님이 수고했다며 내 어깨를 두드리신다.

"나는 암것두 준비 안 했는데 재미난 거 보여주고 먹을 것도 주고 이런 선물까지 챙겨주니 미안해서 어째. 고마워."

마을 사람들이 십시일반 마련한 기념품을 품에 안은 어머님이 덥석 내 손을 잡으며 울먹이신다. 어머님, 보러 와주신 것만으로도 저희가 감사해요.

산내 놀이단은 여전히 진화 중

2014년 12월부터 이듬해 2월까지 네 차례에 걸쳐 진행된 산내 겨울 놀이 한마당은 이웃 주민의 언급처럼 '산내의 진화'임에 분명하다. 약장사의 호객 행위로부터 어르신들을 보호하기 위해, 혹은 효도라는 대의명분을 실현하기 위해 내딛은 첫발이었으나, 수많은 발자국들이 어울려 다져지고 넓혀진 그 마당에서 발자국의 주인들이 실감한 것은 내가 할 수 있다는, 나도 마을의 구성원이라는 자신감과 충만함이었다. 단순히 형수님이고, 언니였던 혹은 그저 동네 이웃이고 어느 마을의 누구였던 그들은 시간과 마음을 함께 나눈 유쾌한 공범자가 되었다. 길을 가다 마주치면 으레 나누던 인사는 그를 내가 품을 수 있으리라는, 내가 너를 믿고 의지하겠다는 다짐이자 약속이 되었다.

"내년 공연이요? 해야죠. 「심청전」도 좋고 「흥부전」도 좋고 「변강쇠전」도 좋지요. 아마 누군진 몰라도 벌써부터 다음 공연 대본 쓰고 있는 사람도 있을 걸요. (웃음) 그럼 대본 공모부터 해야겠는데요."

윤여정 씨의 농담은 농담이 아닌 것으로 판명될 가능성이 크다. 산내는, 산내 놀이단은 지금도 여전히 진화 중이기 때문이다.

・ 마을 굿패가 공연에 앞서 놀이판의 분위기를 띄우고 있다.

・ 삶과 놀이가 함께 가는 마을에서 놀이판이 제대로 값어치를 한다는 산내 놀이단 단장 윤여정 씨.

・ 차력단의 묘기에 웃음을 터뜨리는 어르신들.

삶과 놀이가
어우러진 마을을 꿈꿔요

단정히 올려 묶은 머리가 트레이드마크이며, 일단 쇠를 잡았다 하면 놀이판을 두어 번 들었다 놔야 직성이 풀리는 천상 광대 윤여정 씨. 지리산 주능선이 보이는 그의 집을 찾아가 그가 꿈꾸는 놀이판을 살짝 엿보았다.

산내 공식 광대 윤여정 씨, 무대에 서면 아무 생각이 없어지십니까?

딴생각이 안 나요. 그게 아무 생각이 없어지는 건가? (웃음) 판의 질에 상관없이 재미를 느끼고 충족감을 느끼는 게 제 장점인 것 같아요. 제가 6년 전에 산내에 들어왔는데, 마을에서 살아가면서 만들어진 관계 덕분에 놀이단 일은 편안하게 시작할 수 있었어요.

같이하는 사람, 이게 무척 중요하시겠군요.

술 많이 마시면 돼요. (웃음) 열린 무대인 '판'은 사실 주고받는 일이 생명이거든요. 그래서 삶과 놀이가 같이 갈 수 있는 '마을'에서 제대로 값어치를 하는 것 같아요. 씨름판이 그렇고 싸움판이 그래요. 보는 사람과 그 행위를 하는 사람이 구체적으로 연결되어 있으니까요.

옆에서 지켜보니 무척 인내심 있는 연출자시더군요. 아무래도 자기 그림이 생기면 마음이 급해지기 쉬운데 말이에요.

물론 본능적으로 판이 그려지죠. 하지만 그 판을 배우들 스스로 찾아가는 모습을 지켜보는 게 더 재미있습니다. 어렸을 때 아버님이 요령잡이셨어요. 얼핏 들으면 다 같은 소리지만 아버님은 죽은 이들의 삶의 궤적을 그리듯 매번 다른 소리를 하셨죠. 함께 어울터 무슨 일을 하든 그런 것 같아요. 사람이 사람답게 준비할 수 있고, 어울릴 수 있고, 풀 수 있는. 그래서 나도 즐겁고, 다른 사람도 못 해봤던 걸 시도할 수 있으니 즐거운, 그런 과정이 소중하다고 생각해요.

놀이단에 참가했던 사람들, 아니 마을 사람들 모두가 아주 힘들었던 순간이 있었죠. 놀이단 추진위원 중의 한 사람이자, 큰형님 역할을 해 오신 귀농 1세대 임재경 씨가 놀이단 세번째 공연이 있던 날, 사고로 운명을 달리하셨는데요, 마지막 공연까지 계속 진행을 해야 하나 고민도 되셨을 것 같아요.*

* 공연이 있던 날 아침, 어르신들이 미끄러지실까 봐 체육관 앞 입구를 말끔히 청소하던, 굿패와 함께 멋들어지게 나팔을 불며 판굿을 벌이던 임재경 씨의 모습이 아직도 눈에 선하다.

공연 지속 여부가 중요하진 않았던 것 같고요, 어렵사리 모인 좋은 기운들이 흩어지겠구나 싶어서 그게 염려되긴 했어요. 같이 준비한 사람들에 대한 걱정이 앞섰죠. 공연 여부를 결정하기 위해 모였던 자리에선 공연을 할지 말지 결정하는 일도 중요했지만 사람들끼리 서로 격려하고 서로의 상태를 확인하고 싶은 마음이 컸어요. 저 자신한테도 그런 과정이 필요했고요.

저는 공연을 계속하자는 쪽이었는데, 저 역시 뭔가 풀어내야 한다는 생각을 했던 것 같아요.

마지막 공연 때 한쪽 구석에서 놀이판을 지켜보는 형수님 모습을 봤어요. 끝나면 잘 안아드려야겠다고 생각했죠. 힘들고 가슴 아팠던 순간이었지만 혼자 숨죽여 울진 않았어요. 울고 싶을 때 울고, 위로받고 싶은 만큼 위로받으면서 마을 사람들과 함께 그 시간을 지나온 것 같아요.

놀이판을 마무리한 소감이 궁금하네요.

대단한 기운이 모인 것 같아요. 마지막 대동놀이 때 다들 그러셨겠지만 정말 뭉클하더라고요. 그건 아마도 사람에 대한 믿음을 확인한 기쁨 때문이었을 거예요. 과정이 즐거우니까 결과도 재밌고 자기 능력에 대해서도 자신감을 갖게 되잖아요. 스스로 해내고 싶은 마음들이 생긴 것 같아서 그게 제일 큰 성과라는 생각이 들어요.

내년에는 오디션도 하실랍니까?

하게 되면 해야죠. 한다는 사람이 너무 많아서 배우 팀 따로,
차력 팀 따로, 가수 팀도 따로 그렇게 부문별 오디션을 치러야 할지
도 모르겠는걸요. (웃음)

내년에도 올해처럼 젊은 이도령에게 안길 호사를 누리려면 불철
주야 연기 연습에 매진해야 될 모양이다. 놀이단아, 내가 간다.
뺑덕어멈이든 옹녀든 젊은 오빠와의 러브라인은 내게 맡겨주렴.

3
평범하지만 소중한
우리의 목소리를 담습니다

『산내마을신문』

『산내마을신문』은 그 누구도 아닌 산내 마을 사람들의 이야기를
담기 위해 2013년 창간한 마을신문입니다. 『산내마을신문』은 마
을 주민들의 자발적인 후원금으로 만들어지며 발행부터 발송까
지 전 과정을 마을 주민들이 함께하는 열려 있는 소식통입니다.

편집장은 사다리 게임을 해서 뽑았다. 인터뷰는 머리털 나
고 처음이지만 다들 들이대는 데는 일가견이 있다. 사진작가는
없고 따뜻한 사진을 찍고 싶은 사람은 있다. 교정교열을 하겠다
고 나섰지만 오탈자가 속출한다. 전문 디자이너에게 창간 준비
호의 편집을 딱 한 차례 부탁했고 이제는 그마저 자체 해결 중
이다. 겁도 없고 대책도 없고 사무실도 없고, 있는 거라곤 소통
의 열망뿐인 이들. 오합지졸의 결정체이자 막무가내식 수공업
자의 화신, 남원시 산내면에는 『산내마을신문』 모임이 있다.

오합지졸? 혹은 완벽 조합!

『산내마을신문』은 2013년 3월 창간 준비호로 돛을 올렸다. 그해 5월에는 창간호를 발행하였고, 2014년 8월 기준으로 16호(발행호수로는 18호)째 신문을 내며 순항 중이다. 『산내마을신문』은 그 누구도 아닌 마을 사람들의 이야기를 담아내는 신문이다. 산내에서 살아오신 어르신들의 이야기를 들어보고(「나무가 만난 사람」), 산내면 17개 마을의 유래와 역사 그리고 현주소를 살펴보는가 하면(「산내 마을을 찾아서」), 학교 및 학생, 그리고 어린이의 소식을 전해 듣기도 하고(「산내의 아이들」), 산내에 자생하고 있는 40여 개 소모임의 면면을 확인할 수도 있다(「산내 모임을 찾아서」).

처음 마을신문 만들기를 제안한 조양호 씨의 말에 따르면 산내면에서는 줄곧 마을신문의 필요성이 제기되어 왔다고 한다. 사정이 여의치 않아 실행에 옮기지는 못했지만, 마을 사람들 사이에는 늘 진정한 소통에 대한 열망이 잠재되어 있었다. 하지만 단지 열망만으로 신문을 만들 수 있었을까.

"두려움이 있었죠. 전문 기자나 전문 편집인이 있었던 것도 아니고 모두 경험이 없는 상태였으니까요. 창간 준비호로 시작하되 마음에 들지 않으면 창간 준비 1호, 준비 2호 계속 이렇게 준비만 하자고 했어요."

편집장인 정충식 씨가 사람 좋은 웃음으로 당시를 회고한다. 적잖은 부담감이 느껴지는 일이었다. 취재를 하는 방법도, 취재한 정보를 기사로 다루는 일도 모두 낯설었다. 전문가가 아니면서 전문적인 영역의 글을 쓰는 일은 조심스럽기만 했다. 그런데 노련하지 않은 것이 오히려 도움이 되었다. 일방적으로 누가 누구를 가르치는 것이 아니라 모두들 서로를 가르치고 서로에게 배웠다.

"내가 좀 부족하게 준비해와도 누군가가 그 부분을 메워주더라고요. 채워지고 공부가 되는 조합, 신문을 내면 낼수록 참 똑 떨어지는 조합이라는 생각이 들었어요. 처음부터 일이 되려고 이렇게 모였구나 싶었죠."

은근슬쩍 『산내마을신문』의 사진 담당기자로 자리 잡은 임현택 씨의 이야기다.

평범한 일상의 소중함을 담아내는 신문

『산내마을신문』에는 어떤 신문에서도 실어주지 않지만 산내면 사람들에게는 소중하고 절실한, 그리고 마을 사람들이 궁금해하는 이야기가 실린다. 각각의 이야기는 그 기사에 보다 관심이 있고 그 일을 즐길 수 있는 사람이 담당한다. 그것이 신문을 만드는 일이 무거운 노동이 아닌 편안한 즐거움으로 다가오는 이유다.

만드는 이들의 자발적 의지는 신문을 보는 사람들에게도 고스란히 전해졌다. 마을 기자가 늘어났고, 창간 당시 신문을 만드는 사람들의 십시일반으로 메워졌던 인쇄비도 지금은 신문 후원금과 신문 지면에 실리는 광고료로 충당한다.

신문을 배달하는 과정도 인상적이다. 해당 마을이나 인근 마을 주민이 직접 신문을 배달하는데, 부모 손을 잡고 따라나서는 아이들도 있고 혼자 힘으로 신문을 돌리는 이른바 '배달의 기수'도 있다. 이렇게 신문을 직접 배포하면 신문에 대한 반응을 체감할 수 있고 신문을 건네며 주고받는 이야기를 통해 기삿거리를 확보할 수도 있다.

명함 대신 마을신문을 내밀다

마을신문도 규모에 상관없이 '언론'이다. 작은 시골마을에서 갈등의 소지가 있는 사안을 공개적으로 다루는 것은 민감한 일이 아닐 수 없다. 그렇다고 갈등이 두려워 사안을 회피할 수도 없는 노릇. 편향적인 글을 쓰는 것이 오히려 쉬운 일이었다. 객관성을 유지하되 지역 정서를 자극하지 않는 기술이 필요했다.

"천성적으로 듣는 걸 좋아하는 편이에요. 편집장을 맡고는 그런 습관이 더 강화됐죠. 사석에서 이런저런 이야기를 듣게 되면 하고 싶은 말이 있어도 말을 아끼게 돼요. 하지만 신문은,

아무리 마을신문이라도 언론의 역할을 담당한다고 생각합니다. 그래서 가능하면 정확한 정보에 입각해서 사리사욕을 배제한 글을 쓰려고 노력하지요."

1년 넘게 편집장 일을 맡다 보니 주변 사람들도 정충식 씨에게 꼭 한마디씩 신문에 관한 이야기를 던진다. 가볍든 무겁든 마을의 이야깃거리를 만들기 위해 시작한 신문이었기에 목표는 달성된 셈이다. 그에 비해 조양호 씨는 조금 더 욕심을 낸다.

"작은 규모의 지역사회이다 보니 아무래도 지역 유지 몇몇의 의견이 대다수 주민들의 의견으로 대변되기가 쉽죠. 몇 사람에 의해 좌우되었던 지역의 여론이 마을신문을 통해 균형을 이루었으면 하는 바람도 있어요."

처음 신문을 만들고자 모였을 때 이들이 원했던 것은 소통이었다. 조중동이 아닌, 우리의 이야기를 담을 수 있는 신문, 그 신문이라는 마당에서 어울림의 춤사위가 펼쳐지길 바랐다.

"내가 굳이 몰라도 되는 사람들 얘기는 들을 만큼 듣고 살았잖아요. 신문을 봐도 거기에 펼쳐지는 건 그들의 세상이죠. 이젠 내 이야기, 내 이웃들의 이야기에 귀를 기울여야 할 때라고 생각해요. 이웃의 이야기는 외면하면서 어떻게 세상의 이야기를 나누고 해결할 수 있겠어요?"

정충식 씨는 『산내마을신문』이 평범한 일상의 소중함을 담아내는 신문임을 강조한다. 그는 얼마 전 면사무소에서 "너도

이거 읽어봐. 우리 동네 얘기야" 하며 친구에게 신문을 건네는 마을 청년을 마주하였다. 뿌듯함과 동시에 책임감이 느껴지는 순간이었다.

「산내 마을을 찾아서」라는 마을 안내 기사를 담당하고 있는 조창숙 씨는 각 마을을 찾아가 이장님을 만날 때마다 명함 대신 마을신문을 내민다.

"귀농인과 지역민, 아이들과 어른들이 신문을 통해 이야기를 시작했다는 생각이 들어요. 개인적으로 가장 큰 소득은 신문이 제 명함이 되었다는 점이에요. 전에는 제 자신을 소개할 때 '누구누구 엄마예요' '어느 마을에 살아요' 이렇게 이야기하곤 했는데, 신문을 만들면서부터는 '신문 모임의 조창숙이에요'라고 절 소개하거든요."

이런 과정을 통해 그녀가 얻은 것은 주변인처럼 느껴졌던 산내에서의 삶이 마을 안 깊숙이 자리 잡았다는 충만함이다.

'카더라 소식통'이 '산내마을신문 소식통'으로

『산내마을신문』의 편집회의는 한 시간을 넘기는 법이 없다. 회의는 간결하고 뒤풀이는 조금 더 넉넉하다. 신문을 만드는 '일'은 '사람'을 통해서임을 그들은 안다. 신문 자체의 의미보다는 신문이 파생하는 다양한 일들에 기대를 거는 '아이디어 뱅

크 조 모'씨가 있고, 마을의 아이들이 자라서 『산내마을신문』을 만들 즈음 편집주간 자리를 꿰차고 싶은 '산내 대표 오지랖'이 있고, 신문이 나오는 날을 마을 축제의 날로 허하고 싶은 '은근슬쩍 사진전문기자'가 있으며, 마을 주민들의 야생의 소리를 담아내고 싶은 '사다리 편집장'도 있고, 5년 후 10년 후에도 여전히 신문을 만들고 있었으면 좋겠다는 '분위기 메이커 겸 살림꾼 총무'도 있고, 결국은 신문이 '신문지'라는 타고난 운명을 잘 받아들이길 바라는 '짝퉁 교정녀'도 있다.

오합지졸과 완벽 조합을 넘나드는 이들은 2014년 6월 산내에서 제1회 전국마을신문워크숍을 주관하기도 하였다. 이미 마을신문을 만들고 있거나 마을신문을 만들고자 하는 100명의 사람들이 산내에 모였다. 산내의 산과 들, 푸른 하늘이 있었기에 가능한 일이었다. 신문을 통해 각자가 꿈꾸는 세상은 조금씩 다른 빛깔이지만 신문을 만드는 일이 '가볍고' '재미나고' '유연한' 일이라는 점에는 이견이 없다.

'어디서 봤더라?'가 '신문에서 봤지!'로, '카더라 소식통'이 '산내마을신문 소식통'으로 전환되는 그날을 위해 오늘도 『산내마을신문』 모임은 딱 한 시간만 편집회의를 한다. 기민하고 신속하기 이를 데 없는 회의 속에서도 그들이 잊지 않는 점이 있다. 『산내마을신문』은 산내 마을 주민과 함께 만들어가는 산내 마을 주민의 신문이라는 당연하고도 엄연한 사실이다.

『산내마을신문』

● 『산내마을신문』은 2013년 3월 창간 준비호를 시작으로 꾸준히 신문을 발행하며 순항 중이다.

● 『산내마을신문』 모임이 주관한 제1회 전국마을신문워크숍.

4
토닥토닥
마을을 품에 안다

지리산문화공간 '토닥'

지리산문화공간 '토닥'은 '지리산에서의 즐거운 실험'을 모토로, 나누고 협력하고 배우면서 성장하는 지속가능한 모델을 만들어 나가는 한편, 지역 주민들과 지리산을 찾는 사람들을 위한 문화, 예술, 배움의 든든한 기반과 환경을 조성해나가는 공익적 비영 리단체입니다.

"일단 커피가 맛있어야죠."

2012년 봄, 산내에 카페를 만들겠다는 대책 없는 사내 둘, 조양호 씨와 임현택 씨를 만났다. 내게 어떤 카페였으면 좋겠냐고 묻기에 불쑥 꺼낸 대답이었다. '복잡한 거 할 생각 말고 커피나 맛있게 뽑아내라'는 다소 무심한 속내를 드러낸 셈이었다. '동네가 좀 조용하다 싶더니 또 몇몇이 일을 벌이는구나'라는 거추장스러움과 '음, 새로운 시도, 새로운 공간, 혹 새로운 발상이 가능할 수도?'라는 기대감이 교차하던 시절이었다.

마을 카페? 거길 누가 가나?

그해 가을, 카페 '토닥'이 문을 열었다. 산내에 내려와 10년 간 보아왔던 삼거리 호프집이 가뭇없이 사라지고 내부가 훤히 들여다보이는, 시골에서는 참으로 보기 드문 통창 건물이 들어섰다. 귀농 1세대이자 실상사 농장의 대표였던 '석민이 형'(최석민 씨)이 대표를 맡고, 나와 비슷한 시기에 산내로 내려와 마을 일에 앞장섰던 '인숙 언니'(김인숙 씨)가 양호 씨, 현택 씨와 함께 창업주체로 나선다기에 관심을 놓지 않고 있었지만, '마을 카페'라는 낯선 단어에 이때만 해도 난 적잖이 심드렁한 상태였다. '카페? 커피 마시러 누가 거길 가나?'

결론부터 말하자면, 내가 간다. 시작부터 심드렁했고 조금은 거추장스러웠고, 조용히 살고 싶었기에 거북했던 내가 간다. 못해도 일주일에 세 번은 간다. 월요일엔 신문 모임 하러 가고, 수요일엔 두부 찾으러 가고, 일요일엔 연극 모임 하러 간다. 밭일 마치고 더위 피하러도 가고, 학교 간담회 뒤풀이하러도 간다. 너무 자주 가나 싶어 가끔은 자기 검열(!)을 할 만큼 그렇게 자주, 나는 카페 '토닥'에 간다.

문화적 행동이 가능한 창조적 공간을 꿈꾸다

"타이밍이었던 것 같아요. 산내에도 이쯤이면 카페 같은 공간이 필요하지 않을까 생각했죠. 예전엔 주로 술을 마시며 어울렸는데 그런 분위기도 조금씩 달라졌고요. 산내에서 10년 이상 살아온 사람들이나 육아 기간이 지난 여성들은 집이 아닌 다른 공간을 필요로 할 거라는 느낌이 있었어요."

오랫동안 시민단체에서 일해온 조양호 씨는 몇 해 전 인터넷산업 분야의 대기업에서 일할 기회를 가졌다. 그는 회사가 직원들에게 제공하고 있는 휴게 공간 및 회의 공간의 창조성, 즉 공간이 달라지면 생각도 달라질 수 있다는 점에 주목했다. '문화적 행동이 가능한 인문학적 공간을 내가 살고 있는 마을에 만드는 것.' 그것이 조양호 씨의 바람이었다. 이러한 공간 창조에 대한 욕구 때문에 그는 다니던 직장마저 그만뒀다.

또 다른 운영진인 임현택 씨는 새내기 산내인이다. 2012년 아이의 건강 문제로 귀촌을 결심한 그는, 부산에서 10여 년간 비영리단체 활동가로 일했다. 내려오기 직전까지 기존의 일터에서 한창 일에 몰두하던 중에 결행한 급작스런 귀촌이었다.

"부산에서 했던 일을 고집할 생각은 없었어요. 헌데 지인들이 산내에 가면 조양호 씨를 만나보라고 하더라고요. 두번째로 만난 날, 술잔을 기울이며 얘길 나눴죠. 같이 해보자고 하니 무조건 좋았어요. 그때 '토닥'의 미래를 이야기했던 곳이 삼거리 호프집이에요. 지금 '토닥'이 들어선 바로 여기요."

마을과 주민을 위한 착한 카페 '토닥'

'토닥'은 마을 카페임과 동시에 비영리와 영리가 공존하는 공익적 단체다. 즉 공익적 활동을 위한 비영리단체인 지리산문화공간 '토닥'이 수익사업의 일환으로 카페 '토닥'을 운영하는 것이다. 때문에 운영비와 인건비를 제외한 카페 '토닥'의 수익금은 전액 지리산문화공간 '토닥'으로 기부된다. 실제로 지난겨울, 2014년부터 적립된 '토닥 청소년/어르신 기금'이 집수리 봉사 모임 '두꺼비'와 반찬 지원 모임 '게미,' 그리고 겨울철 놀이마당을 펼치는 '산내 놀이단'에 전달됐다.

'토닥'에서 '지리산 감꽃홍시 게스트하우스'(이하 '감꽃홍시')를 운영하게 된 이유 역시 공익적 활동을 위한 수익이 필요했기 때문이었다. 마을 사람들에게도 이롭고 '토닥'에도 도움이 되는 수익 사업이 절실했던 차에, 마을 주민이 운영하던 게스트하우스를 공동 운영하는 것으로 의견을 모으게 된 것이다.

"게스트하우스를 운영하면서 수익만 챙기게 된 건 아니에요. 하룻밤이라도 머물 공간이 생기니 일의 색깔이 다양해지더라고요. 덕분에 손모내기 행사도 치르고, 시골살이학교도 꾸려낼 수 있었죠. 앞으로 해야 할 사업의 방향성도 찾게 되었고요."

게스트하우스 담당 임현택 씨는 '감꽃홍시'가 2015년 3월부터 공익적 비영리단체에서 일하는 시민사회 활동가를 위한 재충전의 공간으로 변신했다고 귀띔한다. 재정이 넉넉해서라기보다는 서로를 응원하는 차원에서라고. 물론 일반 여행객에게도 문은 열려 있으며 숙박료의 일부는 공익 기금으로 적립된다.

다양성을 펼쳐내는 공간이 되다

2014년에 '토닥'은 내부적으로 작은 변화를 겪었다. '지리산 이음'의 일에 지리산문화공간 '토닥'이 협력하기로 한 것이다. 아름다운재단의 지원프로젝트로 선정된 바 있는 '지리산 이음'은 지리산의 사람과 사람, 사람과 마을, 마을과 세계를 이어주는 일을 도모하는 단체다. 산내로부터 시작된 이 시도는 지리산권의 각종 커뮤니티 활동을 지원하는 지역재단으로 발전시킬 계획이다.

"마을 카페의 위상을 좀더 분명히 할 필요가 있다고 느껴요. 현재 카페 건물과 땅은 개인 소유로 되어 있는데요, 3년 후 '지리산 이음' 재단이 만들어지면 카페 자산을 모두 재단에 기부할 생각입니다. 카페 '토닥'은 마을 사람들이 일하는 마을 카페니까요. 처음부터 이런 계획을 밝히지 않았던 건 지속가능성 여부가 불투명했기 때문이었어요. 지키지 못할 약속은 안 하고 싶었죠. 2년쯤 해보니 가능하겠다 싶네요."

조양호 씨는 '토닥'의 현재에서 '토닥'의 미래와 그 가능성을 타진한다. '토닥'은 앞서서 일을 꾸미는 대신 공간을 내어주고 아이디어와 욕구를 지지하는 역할을 해왔다. 그래서 '토닥'은 공연장이 되기도 하고, 아줌마들의 수다방이 되기도 하며, 때로는 아동보호소와 물품보관소의 옷을 입기도 한다. '토닥'이 먼저 내세우기 전에 '토닥'을 필요로 하는 이들의 욕구가 입혀진 결과다.

"시간이 흐를수록 '토닥'을 '이익을 주진 않지만 유용한 공간'으로 인식하시는 것 같아요. 작년인가? 초등학교 아이들이 졸업식을 마치고 '토닥'에 들렀어요. 프로젝터를 좀 쓸 수 있냐고 묻더라고요. 졸업 기념 영상을 만들었는데 선생님이랑 같이 보고 싶다면서요. 선생님이 영상 보시면서 엄청 우셨죠. '토닥'에서 자기들이 취할 수 있는 것을 당당하게 요구하는 아이들의 모습이 보기 좋았어요."

'보람'이라는 단어를 통해 떠올려진 조양호 씨의 기억이다. 한편 임현택 씨는 마을 사람들의 가슴에 자리 잡은 '토닥'의 현 주소에 보람을 느낀다.

"산내의 특징은 다양성에 있다고 생각해요. 참 다양하게 사는데 크게 어긋나지는 않죠. 헌데 막상 그걸 묶어내거나 줄 세우려고 하면 균형이 깨지거든요. 다양한 것이 다양할 수 있도록 힘을 실어주는 게 '토닥'의 역할이고 지금까지 그에 적합한 활동을 해왔다고 생각합니다. 언젠가 이장님이 친구들을 모시고 오셨어요. 우리 마을에도 이런 데가 생겼다고 은근슬쩍 자랑하시더라고요."

지리산문화공간 '토닥,' 마을을 품다

나는 오늘도 '토닥'에 왔다. 이미 한자리를 차지한 이웃집 영민이와 윤하가 마주 앉아 만화책을 보고 있다.

"엄마가 모임 끝나면 토닥으로 오신대요. 그동안 만화 보고 있으려고요."

종소리와 함께 문이 열리는가 싶더니 윤하 엄마가 풋고추로 가득 찬 컨테이너 박스를 안고 들어온다.

"밭에 고추가 엄청 달렸어. 토닥 손님들이랑 나눠 먹어."

커피 마시러 잠깐 들렀던 나는 오랜만에 윤하 엄마 얼굴도 보고, 여름철 입맛 돋우는 데 최고인 풋고추도 덤으로 얻었다. 나는 어쩌면 커피가 아니라, 이 덤들 때문에 이토록 열심히 '토닥'의 문을 두드리는지도 모를 일이다.

'토닥'의 문은 오늘도 부지런히 열리고 닫힌다. 문턱을 넘나드는 이유는 저마다 다르지만 '토닥'은 '마을 사람들의 소통과 배움, 나눔의 공간'을 제공하기 위해, '지리산에서의 즐거운 실험'을 위해 오늘도 서로를 '토닥'여 줄 준비 중이다.

● 마을 주민들은 점차 '토닥'을 유용한 공간으로 인식하고 있다. 때로는 주민들을 위한 강연장이 되기도 하고, 공연장이 되기도 한다.

5
별난 선택?
아니, 살맛 나는 선택!

지리산 시골살이학교

'지리산 시골살이학교'는 시골에 사는 것이 특별한 삶이 아니라
여러 삶의 방식 중 하나라는 것을 인식하고, 시골살이에 대한 두
려움을 없애주는 학교입니다. 시골에서 농사 외에 다양한 직업
을 가지고 살아가는 사람들, 오래전부터 시골살이를 해온 사람
들과의 만남을 통해 선택의 폭을 넓혀줍니다.

햇살 받은 땡감이 눈부시다. 담장 아래 봉숭아가 손톱을 물
들일 마지막 손님을 기다리는 오후, 시골살이학교 1기 신입생
들이 속속 숙소로 들어선다. 조심스럽고 긴장된 표정이지만 새
로운 생활에 대한 기대감을 감출 수는 없는 모양이다. 문득 겹
쳐지는 그림 하나가 있다. 배낭 하나 달랑 메고 지리산 자락으
로 접어든 13년 전의 나. 돌아서도 산이요, 굽이쳐도 산이던,
그리하여 마침내 지리산 천왕봉과 대면하고 나서야 들어설 수
있었던 산내. 그 덜컹대던 버스 안에서 나는 혹 떨고 있었던가.

두근두근, 시골살이의 첫걸음을 떼다

시골살이학교의 숙소인 '지리산 감꽃홍시 게스트하우스' 뒷마당에서 조촐한 입학식이 열린다. (누가 뭐래도 학교니까!) 행정실장임을 자처하는 운영진 '현택 샘'(임현택 씨)의 사회로 입학식이 시작되고, 귀빈의 인사 말씀도 청해 듣는다. 산내농민회 회장님의 "고생해야 재밌습니다"라는 임팩트 있는 한마디! 이어지는 강사 소개는 산내면 귀농 1, 2세대임을 자부하는 막강 라인업 강사진임이 인증되는 순간이다. '집/에너지테마'를 책임질 이주승 씨는 친환경 건축을 표방하는 산내들건축 대표이며, '농사테마'를 담당할 정충식 씨는 현재 산내농민회 홍보부장을 맡고 있다. 수강생들을 '목공'의 신세계로 안내할 장동욱 씨는 소문난 꼼꼼쟁이 목수로 정평이 나 있는데 이들은 모두 실상사전문귀농학교 졸업생이기도 하다. 어럽쇼! 입학선물 증정식까지?! 입학선물은 있으나 졸업선물은 없다는 운영진의 으름장에도 불구하고 명품 옻칠 목기 컵과 수저를 양손에 든 신입생들은 싱글벙글이다.

'생각에만 머물렀던 시골살이를 직접 경험하고 싶어 참가했다'는 이지원 씨도, '책을 통해서는 얻기 힘든 살아 있는 체험을 하고 싶어 입학했다'는 신선혜 씨도, '대안적인 삶을 위해 다양한 경험을 하고 싶다'는 조서연 씨도 그 누구도 떨고 있는 것 같지는 않다. 새로움에 대한 기대가 낯설음에 대한 두려움을 넘어서는 순간이다. 돌이켜 보면 13년 전, 덜컹대던 그 버스 안에서 나는 웃고 있었을지도 모르겠다. 정말이지 아무, 생각, 없이.

사람책으로 알아가는 시골살이의 민낯

남원시 산내면은 인구 2천 명 남짓의 조그마한 마을이지만 귀농귀촌 인구가 300명을 웃도는 귀농귀촌의 메카이다. 10여 년 전만 해도 귀농운동본부와 사단법인 한생명을 중심으로 귀농 인구가 유입되었지만 지금은 사정이 많이 달라졌다. 일정한 구심점을 통해 귀농하기보다는 이미 귀농한 현지 귀농인들을 통하거나 그의 지인들이 유입되는 등 창구가 다양하게 열려 있는 형편이다. 자연히 귀농귀촌 후의 삶의 형태도 다양해지고 있다. 이전에는 실상사 농장 중심의 농사와 소규모 울력이 사람들을 모이게 하는 원천이었다면, 현재는 모여든 사람들의 숫자만큼이나 다양한 소모임과 다양한 삶의 방식이 공존한다.

덕분에 시골살이학교에서는 기본적인 농사, 농촌 체험 프로그램뿐만 아니라 '사람책과의 만남'이라는 독특한 프로그램을 운영하고 있다. 이 프로그램은 지금껏 산내면에 살아오면서 시골살이를 실제로 해오고 있는 사람들이 시골살이학교 학생들과 이야기를 나누는 시간이다. 사람책의 면면은 이렇다. 10년 이상 시골에서 살아온 사람, 아이를 셋 이상 키우며 살아온 사람, 농사 이외에 다른 일을 하며 시골에서 살아가는 사람, 오로지 농사를 지으며 살아가는 사람 등 시골살이의 어제와 오늘, 양지와 음지를 속살거릴, 그야말로 사람으로 된 책이다.

"시골살이의 현실적인 면면을 엿볼 수 있어서 좋았어요. 귀농한 지 10년 이상 된 분들과 대화를 나눴는데요, '10년을 살아도 이게 맞는 건지 잘 모르겠다'던 말씀이 지금도 마음에 남네요."

새참 시간에 유난히 빛나던, 자급자족에 관심이 많은 김민선 씨의 이야기다. 한편 농사짓지 않고 시골에서 살아가는 방법이 궁금했던 이경원 씨는 해결책을 찾았을까?

"지나치게 단순한 삶을 살게 되진 않을까 걱정되기도 해요. 그런데 농사를 짓지 않고도 시골살이를 하고 있는 '사람책'들처럼 뭔가를 끊임없이 만들어내는 분들을 뵈니 용기가 납니다."

시골살이, 또 다른 삶의 방식

8박 9일 동안 참가자들은 고추와 토마토를 따고, 사과나무 가지를 정리하고, 배추 모종을 심고, 깔끄러운 옥수숫대를 이고 지고 잘라가며 거름을 만들었다. 부상 투혼을 발휘하며 손수 톱을 켜 나무 액자를 만들어보기도 하고, 머리털 나고 처음으로 직접 고추장을 담가보기도 했다.

"가족 중심, 개인 중심의 시골살이를 생각했는데 관계 중심적인 시골에서 잘 생활할 수 있을지 염려돼요. 하지만 학교생활 종반으로 접어드니 뭔가 손에 잡히는 느낌입니다."

음식문화사를 공부하고 있는 이하나 씨의 염려처럼 8박 9일간의 시골살이학교 생활을 통해 시골살이에 대한 확신을 얻어갈 수는 없을 것이다. 그러나 수많은 삶의 방식 중 시골살이 역시 그 하나의 방편이 될 수 있다는 점, 시골살이는 불안하고 위험한 선택이 아니라 색다른 삶의 모습이라는 점, 이것이 지혜로운 시골살이학교 1기들이 취한 깨달음은 아니었을까. 한편 현정 씨는 몸과 마음의 요구에 좀더 귀 기울이고 있다.

"직장 생활이 만만치 않았어요. 마음이 바닥나니 결국 몸도 상했죠. 몸이 아플 때는 '돈 그따위 게 다 무슨 소용이야!' 싶다가도 조금만 나아지면 다시 돈을 벌어 양껏 소비하고 싶은 욕망을 어쩌지 못했죠. 불안감에 지배받는 삶이었다고 할까요. 공항철도를 타고 인천공항까지 가서 라운지에 앉아 이륙하는 비행기를 바라보며 시간을 보내기도 했어요. 그러던 어느 날, 제주도에 가야겠다고 결심했죠. 제가 바람 맞는 걸 좋아하거든요. 비가 추적대는 흐린 날이었지만 오름에 올라 온몸으로 바람을 맞았어요. 순간 제 입에서 '아, 행복해!'라는 말이 흘러나오데요. 자연이 주는 선물이 이런 거구나. 행복과 평화라는 게 이런 거구나. 온몸으로 느낀 순간이었죠."

그렇다. 왜 시골살이를 꿈꾸느냐고, 왜 여기까지 왔느냐고 묻기는 쉬우나 대답은 간단치가 않다. 말과 정신에 앞서 몸이 느끼는 순간, 바로 그 한순간 때문에 시골살이를 결심하기도 한다. 유난히 길게 느껴졌던 지하철 환승로, 부지런히 빠져나가는 사람들 속에서 속도를 맞추지 못하는 나. 나는 어쩌면 뱀처럼 긴 그 통로를 터덜터덜 빠져나오며 시골살이를 꿈꾸었는지도 모른다. 물론 요즘은 그런 폼 잡는 설명이 거추장스러워 "음식물 쓰레기 때문에요"라는 모범 답안을 정해놓긴 했지만.

시골살이학교를 통해 찾은 희망

졸업식을 앞두고 학생과 교사 그리고 운영진이 함께 지리산 둘레길을 걷는다. 하늘은 맑고 푸르다. 중황마을에서 상황마을로 가는 길목, 그 길에 생긴 작은 개울에 잠시 멈춰 서서 손을 씻고 얼굴을 적신다. 중황마을을 지나 숲길을 벗어나니 저 아래 다랑논이 펼쳐진다. 탁 트인 시야만으로도 몸과 마음이 상쾌해지는 들판이다.

드디어 오늘의 목적지 상황쉼터에 도착! 보기만 해도 아밀라아제가 분비되는 푸짐한 음식과, 산내가 한눈에 들어오는 시원한 풍광과, 무엇보다 같은 뜻을 가진 도반이 함께 있으니 아, 천국이 따로 없다.

시골살이학교의 마지막 날, 8박 9일의 일정을 마무리하는 졸업식이 마을 카페에서 펼쳐진다. 먼저 영상을 통해 시골살이 학교 생활을 돌아본다. 조금은 수줍어하던 입학식 풍경이며, 고추밭, 사과밭, 배추밭 정경이 지나간다. 남다른 노동 강도로 기억되는 옥수숫대 거름 만들기와 목공수업까지, 8일간의 일정을 돌아본 후 맏언니 전수연 씨가 담담하게 한마디를 남긴다. "꿈같다."

졸업 소감을 나누고 나니 졸업선물 증정식이 거행된다. 입학선물은 있되, 졸업선물은 없다던 운영진이 약속을 깨고 준비한 졸업선물은 무엇일까? 아하, 액자다! 목공수업 시간 학생들이 손수 만든 액자에 시골살이학교를 추억할 만한 사진을 담았다. 소감을 밝히며 눈가가 촉촉해진 학생들은 목공 선생님께서 깔끔하게 마무리해주신 나무 액자에 감탄하고, 8박 9일의 시간이 고스란히 담겨진 사진에 또 한 번 가슴이 먹먹해진다.

시골살이학교를 기획하고 운영진으로 활약한 조양호 씨가 소회를 밝힌다.

"대충 세어봐도 8박 9일간의 시골살이학교를 위해 직간접적으로, 때로는 우연히 도와주신 산내마을 분들이 모두 35명이나 돼요. 여건이 될지 모르지만, 1기 참가자 중에 산내에 정착하거나 오랫동안 머물면서 이후의 삶을 모색해보는 사람이 생겼으면 좋겠고, 2기, 3기, 4기…… 꾸준히 이어져서 마을에 에너지 충만한 젊은 열기들, 발랄한 기운들, 긍정의 힘들이 계속

쌓여 가면 참 좋겠어요."

'시골살이학교 식구들 한 명 한 명이 모두 소중한 사람책이었다'는 김다현 씨의 이야기처럼 시골살이학교에 참가한 모든 이들이 서로의 거울이 되어주었다. 함께했던 8박 9일 동안 그들은 아무것도 약속하지 않았고, 다짐하지 않았다. 다만 각자의 가슴에 작은 등불을 피웠고 이젠 그 등불이, 한 사람 한 사람의 걸어갈 길을 밝혀주길 바랄 뿐이다.

저 감나무에 감꽃이 피어날 때면 또 다른 시골살이학교 학생들이 산내를 거닐 것이다. 햇살과 바람을 받아안은 땡감이 붉고 달콤한 홍시기 되듯 시골살이에 첫발을 내딛은 이들 또한 곱고 충만하게 자라나기를 기대해본다.

지리산 시골살이학교 안내

일시: 5월, 10월 (1년 2회, 6박 7일)
장소: 남원시 산내면 일대 (숙박: 감꽃홍시 게스트하우스)
주최: 지리산 이음 / 지리산문화공간 '토닥'
모집 정원: 12명 내외
참가 대상: 시골살이를 생각하고 있는 45세 미만의 성인
참가비: 20만 원 (숙식 제공, 학생 & 무직자 20퍼센트 할인)

• 고추 울력을 마친 시골살이학교 1기생들. 8박 9일 동안 고추와 토마토를 따고, 사과나무 가지를 정리하고 배추 모종을 심고 옥수숫대로 거름을 만들었다.

• 도시든 시골이든 내 삶을 온전히 내가 살아내고 싶다는 시골살이학교 1기 졸업생 조현정 씨.

• 실제로 시골살이를 하고 있는 사람들과 학생들을 이어주는 '사람책과의 만남' 시간

신고합니다,
새내기에요

찬 공기를 가르고 다가선 봄볕이 따스한 오후, 시골살이학교 1기 졸업생인 조현정 씨를 만났다. 그녀는 시골살이학교 2기 운영진 이자 1기 졸업생 중 가장 먼저 산내에 둥지를 튼 시골살이 1호이 기도 하다. 매섭기로 유명한 산내의 겨울을 견뎌낸 시골살이 새내기, 조현정 씨의 시시콜콜한 속내를 들춰보기로 한다.

어쩌다가 시골살이라는 오래된 미래에 마음을 뺏기셨답니까?

건축가 이일훈의 '밖에서 불편하게 늘려 살기'라는 강의를 들었 는데요. 그런 관점에서 시골이라면 같이 공감하고 고민할 수 있으 리라는 기대감이 있었어요. 도시에선 이런 고민을 나눌 사람이 없 었는데, 여긴……

도시부적응 환자들이 죄다 모여 있으니까요. (웃음)

네. (웃음) 도시에선 '나만 이상한가? 이 고민을 털어놓을 만한 사람이 누굴까?' 그런 생각이 들어서 막막했거든요. 여기 와서 그런 이야기를 나누고, 풀어놓고 싶었어요. 그치만 시골살이학교에서 그런 고민들이 속 시원히 해결된 건 아니에요. 시골살이를 꿈꾸는 결들이 워낙 다양했거든요. 단순히 공간 이동을 꿈꾸는 사람들도 있는 것 같았고, 삶의 형식과 내용 자체를 바꿔보려는 사람들도 있었죠. 처음 입학할 땐 자신감과 희망에 가득 차 있었는데 시간이 지날수록 막막해졌어요.

그럼에도 불구하고 1기 중 제일 먼저 시골살이를 시작했네요.

시골살이학교 과정이 끝나갈 즈음, 이런 생각이 들었어요. '이건 공간의 문제가 아니라 나의 문제다. 시골이든 도시든 내 삶을 온전히 내가 살아낼 수 있는 힘을 키워야 한다. 아마 이곳에 살고 있는 분들은 여기가 아니더라도 어디서든 잘 살 수 있는 분들일 거다.'

그렇게 훌륭하게 생각해주다니. (웃음)

근데 막상 창원(집)으로 돌아가니 기분이 이상한 거예요. 공기 덩어리가 되어 떠다니고 있는 느낌이랄까. 아무튼 적응이 안 됐어요. 제가 해외에 나가본 적이 한 번도 없거든요. 졸업하고 여행 갈까 생각도 했었는데 안 당기더라고요. 무서워서 그랬나?

여기 둥지 트는 것보다 해외여행 가는 게 더 쉬운 일일 수도 있어요.

여행 후에 다시 산내로 들어오면 뭔가 어색해질 것 같았어요. 무엇보다 결단을 내리고 싶었던 것 같아요. 도시에서 살든 시골에서 살든 뭔가 이 불안한 삶에 종지부를 찍고 싶었다고 할까요? 그래서 별생각 없이 내려왔죠.

시골살이학교 숙소였던 '감꽃홍시'에서 시골살이를 시작했어요. 그것도 겨울에. 엄청 추웠죠?

한번은 창원 집에 갔다가 다시 산내로 들어오는데, 분명히 창원은 날이 맑았거든요. 약간 쌀쌀하긴 했지만. 함양에 도착해서 산내 쪽을 바라보니 거대한 눈구름이 몰려 있는 거예요. 겨울왕국이 따로 없더라고요. 버스 타고 산내 쪽으로 들어가는데 눈보라가 치기 시작하더니 버스에서 내려 숙소까지 걸어가는 동안 우산에 거의 매달리다시피 해서 갔어요. 홀딱, 정말이지 홀딱 젖었죠. 곳간은 비어 있고 날은 춥고, 뭐 먹고 살아야 하나 매일매일이 걱정이었어요.

그러다가 동기들이랑 의기투합해서 지금 살고 있는 집을 빌렸군요?

의기투합이라기보다는 우연히 자연스럽게 그렇게 됐어요. 시시콜콜한 이유에 대해선 서로 잘 몰라요. 그냥 해보자, 재밌겠다. 이런 출발이었던 것 같아요. 내가 시골살이에 적합한 사람인지 아닌지 테스트해보고 싶었는데, 마침 구성원이 생겨서 그 테스트를 더 연장할 수 있게 됐어요.

어떤 시골살이를 꿈꿔요?

그런 건 안 정하려고요. 정하면 스트레스더라고요. 시골에 오면 지역 먹거리 먹을 줄 알았는데 할인마트 가요. 인월장에서 장을 본 적이 있는데요, 워낙 큰 단위로 파니까 저처럼 혼자 사는 사람은 결국 다 못 먹고 버리게 되더라고요. 기준을 만들어놓고 살기에는 너무나 다 새롭고 적응할 게 많은 삶이라 규정짓지 않고 최소한의 의식만 가지고 살아야지 하는 정도예요.

최소한의 데드라인은 뭐예요?

너무 이기적이거나 폭력적으로는 살지 않는 거요.

이기적이지 않고 폭력적으로 살지 않기가 도시보다는 시골이 나은 것 같아요?

아무래도 비교 대상이 없으니까요. 도시에 나가면 부러워요. 좋은 차나 명품 이런 거 나도 좋아하니까. 근데 여기서는 그렇게까지 비교할 일이 잘 없으니 덜 힘들어요. 물론 여기 있어도 욕심은 나요. 차도 갖고 싶고, 집도 갖고 싶고, 땅도. 근데 그게 나한테 꼭 필요한 건지 다시 생각하게 돼요.

봄 되면 뭘 제일 하고 싶어요?

전공이 사진인데 사진을 잘 안 찍었어요. 졸업 후 심리적으로 많이 힘들어서 사진이 자꾸 우울해지더라고요. 이제 사진 찍고 싶어요. 봄나물도 캐고 오디 따서 효소도 담고요. 『프랑스적인 삶』이라는 책을 보면, 어떤 사진작가가 나무를 찍어달라는 의뢰를 받아요. 그 사진작가는 나무를 그저 나무로 찍는 게 아니라 그 나무가 가장 나무다울 시간과 공간을 포착해서 찍어요. 그걸 보면서 나도 죽기 전에 그런 작업을 한번 해보면 좋겠다고 생각했어요.

시골살이학교 1기 졸업생이자, 그중 시골살이 1호이자, 시골살이학교 2기 운영진으로서 2기 신입생들에게 해줄 조언은?

제 성격상 동기들이랑 더 깊게 얘기한다든가 물어본다든가 하질 못했어요. 주어진 상황에서 더 적극적으로 생활하지 못한 게 아쉬워요. 산내, 지리산의 기운도 중요하긴 한데, 사람과 사람에 대해 좀더 느끼고 가면 좋을 것 같아요. 꼭 시골에 살지 않더라도 사람을 사람으로 대하는 게 참 소중한 일이라는 걸 알면 좋지 않을까요. 시골살이학교 선생님들을 2기에게 양보해야 하는 건 싫지만요.

도시든 시골이든 내 삶을 온전히 내가 살아내고 싶다는 조현정 씨. 도시의 삶을 시골살이로 변화시키는 데에는 계절이 한 번 바뀌는 것만큼의 에너지가 필요할지도 모를 일이다. 그러나 천왕봉의 저 눈도 봄볕을 어쩌진 못한다. 그렇다. 봄이 오고 있다.

어머니의 산 지리산,
그 생명의 결을 엮다

지리산생명연대

'지리산생명연대'는 지리산의 생태, 문화, 역사적 환경을 보호하고, 지리산에서 생명의 영성으로 가득한 삶의 문화를 만들어가기 위해 현장 중심의 대안운동을 펼쳐나가는 단체입니다.

《용유담아 친구하자》

한 달에 한 번, 용유담 인근을 걷는다. 10여 명 내외의 소박하고 조용한 모임이 어느새 아이들을 동반한 가족 모임으로 변신! 이름하여 '용유담아 친구하자.' '용유담아 친구하자'는 해당 지역 주민들이 직접 용유담 둘레를 답사하는 프로그램이다. 지리산댐 건설계획을 이유로 국가명승 지정이 보류된 용유담의 생태, 역사, 문화적인 가치를 몸으로 느낄 수 있는 기회다.

《특명, 수달을 찾아라》

새벽녘, 강가를 헤매는 사람들이 있다. 수달 한번 보겠다는 일념으로 '수달앓이' 중인 생명연대 수달조사팀이다. 이들은 지난 2010년부터 현재까지 꾸준히 지리산 북부하천 일대에서, 수달과 그 서식환경을 조사해 왔으며 현재는 수달모니터링팀 '아! 수달'과 그 결과를 데이터화하여 이를 지리산 보전을 위한 기본 자료로 삼으려는 야심 찬 계획을 세우는 중이다.

《문제는 인간의 탐욕입니다》

광화문 광장이 심상치 않다. 댐대책사전검토회의에 반대하는 기자회견 및 퍼포먼스를 위해, 3억 5천만 원을 쏟아붓는다는 댐을 막기 위해 영양, 영덕, 평창, 청양 그리고 지리산생명연대에서 서울로 모였다. 영양에서 올라오신 어르신의 한마디가 가슴을 때린다. "문제는 댐이 아닙니다. 문제는 인간의 탐욕이고, 인간의 광기입니다."

공감, 지리산댐 백지화를 목표로 깃발을 올리다

지난 2000년 8월, 지리산댐 백지화를 목표로 '지리산댐 살리기 국민행동'(이하 국민행동)이 창립되었다. 전국 190여 개의 시민·사회·종교·지역단체가 연합한 국민행동은 댐 건설 전면 백지화를 주장하였고 전 국민 서명운동과 지리산에 대한 전면적인 조사에 힘입어 마침내 댐 건설 계획은 백지화되었다. '지리산을 사랑하는 열린연대'(이하 열린연대)가 결성된 지 1년 만의 일이었다. 지리산권 시민운동의 포문을 연 열린연대가 국민행동과 통합하여 2002년에 새롭게 출범한 단체가 '지리산생명연대'(이하 생명연대)이다.

생명연대는 창립 이래 햇수로 13년째, 지리산 권역의 크고 작은 현안들에 대응해왔다. 2002년 7월에는 엄천강 기름유출 사건에 발 빠르게 대처하였고 2003년부터 성삼재 관통도로를 지리산에 되돌려줄 방법을 모색하는 성삼재 도로 걷기 대회를 개최하였으며 2004년에는 인월―산내 간 4차선 확포장 계획을 주민들과 함께 저지하였는가 하면, 완공 4개월 만에 무너져 내린 하동군 악양면과 청암면을 잇는 회남재 도로 확포장 공사를 저지하고 지리산 케이블카 설치계획에 반대하는 등 선이 굵은 활동을 이어왔다. 한편 2004년 지리산 자락 엄천강을 지키는 어린이 하천보호 활동모임인 '엄천강 친구들'이 시작되었으며, 같은 해 '지리산 생태문화 가이드 양성교육'을 실시하고,

2006년에는 '지리산권 희망씨앗찾기' 프로그램을 기획, 진행하는 등 주민 교육 및 자치 사업 또한 꾸준히 펼쳐온 바 있다.

"특정한 지역에 거점을 두고 있는 단체들은 그 지역의 일에 집중하면 되지만 생명연대는 지리산권에서 일어나는 크고 작은 이슈들을 두루 살펴야 했어요. 지리산은 너무 넓었고요. 2005년만 해도 지역별 활동가가 많지 않았죠. 하지만 지금은 사정이 달라요. 그래서 각 지역별로 현안에 대응하고 사안과 상황에 따라 연대해야 할 필요가 있어요."

2014년 현재 생명연대 사무처장이자 부임 이후 처음으로 안식년을 챙기고 있는 최민경 씨의 이야기다. 최민경 사무처장의 이러한 지적이 실현된 예가 2005년 발족된 지리산권시민사회단체협의회이다. 당시 문화관광부에서는 지리산권 광역관광개발사업계획을 발표하였고, 지리산권에서 벌어지고 있는 무분별한 개발사업을 저지하기 위한 목적으로 협의회가 조직되었다. 지리산권 지역연대의 필요성은 최근에도 제기된 바 있고 그 결과물로 '지리산포럼'이 창립되기도 하였다. 지리산포럼은 그동안 지리산운동의 성과를 살피고 부족한 점을 반성함으로써 지리산을 하나의 삶터로 가꿔가기 위한 합의의 과정으로 제안된 광장정치마당이다.

"단체의 비전과 정체성에 관한 고민은 비단 생명연대만의 문제는 아닐 거예요. 지리산권에서 대안 찾기에 대한 고민은 계속 가져가되, 이제는 각 지역에 다양한 단체들이 있으니까 연대의 폭을 더 넓혀야 한다고 생각해요. 아무래도 공감대가 중요하죠. 같이 가져가야 할 고민의 주제와 중심에 대한 공감대가 형성되고 거기에 불이 붙어야겠죠."

판을 벌이고 길을 잇다

생명연대는 문화 관련 사업에도 관심의 끈을 놓지 않고 있다. 그 대표적인 예가 2006년에 시작된 '지리산문화제'이다. 지리산문화제는 지리산권 시민사회단체협의회가 주최하고 생명연대가 사무국 역할을 맡아 진행한 문화행사로, 구례 사포마을 골프장 반대 투쟁이 그 단초가 되었다. 골프장 반대 싸움이 계속되자 '싸움 대신 어울림의 자리는 없을까' 하는 역발상을 하게 되었고 그 바람은 희망적인 연대의 자리를 기획하는 것으로 실현되었다. 소비적인 축제를 지양하고 새로운 축제 문화를 만들어보자는 취지도 곁들여졌다.

"가장 기억에 남는 건 아무래도 1회 행사예요. 사포마을 주민들이 마음을 내주셨거든요. 추수를 끝낸 논에 마을 목수분들이 직접 무대를 꾸미고 짚단을 의자 삼아 앉았죠. 벼 베고 남은 밑동에 아이들이 걸려 넘어질까 봐 어르신들이 예초기로 일일이 벼 밑동을 잘라내시기도 했어요."

최민경 사무처장은 제1회 지리산문화제를 계기로 축제든 사업이든 그 일이 벌어지는 현장에 살고 있는 사람들과의 유대 관계 혹은 결합력이 얼마나 중요한지 절감했다고 한다. 또한 앞으로 지리산문화제를 계기로 지리산권에서 다양한 형태의 마을 문화제가 벌어졌으면 하는 바람도 내비쳤다.

"우리도 이렇게 잘 놀 수 있다는 걸 보여줬으니 곳곳에서 이런 문화제가 이루어졌으면 좋겠어요. 성과라면, 지역민이든 귀농인이든 그 지역에서 활동하시는 분들이 결합하여 유대감을 느낄 수 있었던 점이라고 할까요. 우리도 할 수 있다는 자신감 두 생겼고요. 판을 벌여주는 역할이었으니 이 정도면 충분하다는 생각이 들어요."

2007년에는 사단법인 '숲길'이 창립되었다. 생명연대의 부설기관으로 지리산길(지리산 트레일) 사업이 시작된 것이다. 즉 지금의 지리산 둘레길 사업을 처음 벌인 곳은 다름 아닌 생명연대였다. 하동 벚꽃길 확포장 싸움이 일단락된 후 지리산 살리기 도보 순례, 낙동강 살리기 도보 순례 등 지리산권의 환경과 문화를 지키기 위해 걷는 단체들과 사람들이 늘어났고, 이에 도법 스님을 비롯하여 각계의 의견이 모여 자기 성찰을 할 수 있는 순례길의 필요성이 제기되었다. 이를 문화관광부에 제안하자 현장 단체로 생명연대가 지정되기에 이르렀다. 생명연대의 부설법인으로 순례의 길을 함께 만들어온 사단법인 '숲길'은 현재 하동으로 자리를 옮겨 독립기관으로 운영되고 있는 상태다.

지리산댐 반대운동은 아직도 진행 중

2014년 지리산댐 문제가 다시 수면 위로 떠올랐다. 생명연대의 출범 이유였던 지리산댐은 출범 이후 12년간 이미 대여섯 차례에 걸쳐 현안으로 다루어졌던 사안이다. 홍준표 경남도지사는 홍수조절용이라는 국토부의 입장과는 달리 식수용 댐을 만들겠다며 또 다른 갈등의 원인을 제공하고 있다. 또한 홍 지사는 댐 건설 자체의 효용성에 대한 사전검토 없이 주민투표에 의해 댐 건설 여부를 결정짓겠다고 나섰다.

"수자원공사 입장에서는 숨이 붙어 있는 한 밀어붙일 거예요. 그게 수공의 존재 이유니까요. 여론 때문에 국토부가 전면에 나서기는 껄끄러울 거고 수공이 지저분한 일들 처리하는 동안 국토부는 뒷짐 지고 주민의견을 수렴하는 척하면서 시간을 끌겠죠. 사실 댐 문제는 집중적으로 대응할 필요도 있지만 길게 봐야 하는 일인데 지금은 사안이 너무 급박하게 돌아가네요."

지리산댐 반대를 목표로 깃발을 들었던 생명연대는 12년이 지난 지금도 그 깃발을 내려놓지 못했다. 그러나 이제, 광화문 광장에 지리산댐 건설을 반대하는 함성이 울려 퍼지도록, 용유담이 물 밑으로 사라지지 않고 내 친구가 될 수 있도록, 수달이 흐르는 물을 따라 유유히 헤엄칠 수 있도록 하는 일은 비단 생명연대만의 일은 아니다. 이제 어머니의 산 지리산, 그 생명의 결을 엮어내는 것은 지금 이 시대를 살고 있는 우리들의 몫이기 때문이다.

6
나누고 되살리어 피어난
아름다운 마을꽃

행복한 가게 '나눔꽃' & 재활용 작업장 '살림꽃'

'나눔꽃' & '살림꽃'은 사단법인 한생명 회원들이 기부한 물건을
정성스럽게 모아 작지만 알차게 꾸며가고 있는 아름다운 재활용
가게입니다. 회원들의 자발적인 활동을 통해 버릴 것을 최소화
하는 친환경적 생활문화를 만들어나가는 한편, 편안하고 따뜻한
나눔 사랑방을 꾸려나가기 위해 노력하고 있습니다.

"엄마, 이 바지 이제 나한테 작아."

"그래? 나눔꽃에 갖다 주자."

"엄마, 나 실내화도 필요한데 어디서 사?"

"음, 그럼 우리 나눔꽃에 가볼까?"

겨울이 코앞인데 눈썰매용 장갑 한 짝이 안 보일 때, 할머
니한테 세배하고 세뱃돈 받아야 하는데 때때옷이 아쉬울 때, 오
랜만에 도시로 진출해야 하는데 블라우스 한 장이 마땅찮을 때,
우리 가족은 나눔꽃에 간다. 물건을 사기도 하고 가끔은 우리가

가지고 있는 물건을 내놓기도 한다. 그래서 나눔꽃으로 향하는 우리 가족의 손에는 계절이 바뀌어 작아진 아이들의 옷, 나에겐 쓰임이 없지만 누군가에겐 소용될 그릇, 먼저 읽어 행복했으니 나눠 읽고 싶은 책 등이 들려 있다. 그렇다. 우리 마을에는 옷, 신발은 물론 책과 그릇, 각종 완구 및 문구에 이르기까지 없는 것 빼고는 다 있는 아름다운 재활용 가게 '나눔꽃'이 있다.

열다섯 품목이 단돈 만 원?!

사단법인 한생명 사무실 한쪽에 마련되어 있는 나눔꽃 매장. 둘째아이는 꼭 맞는 실내화를 찾을 순 없었지만 평소 탐내던 반짝이 구두를 손에 넣었다. 큰아이는 작아진 바지를 내놓은 대신 제 몸에 맞는 멋내기 바지를 득템 했다. 얇으면서도 보온성 좋은 웃옷이 필요했던 나는 넉넉한 길이에 허리는 약간 잘록한 맞춤옷을 찾아냈다. 입어보고 신어보고 써보고 둘러보니 두 아이와 내가 각각 다섯 품목 이상씩을 손에 넣었다. 한 품목당 단가가 500원이니 열다섯 품목이면 만 원도 채 안 되는 가격이다. 물품 대금 단지에 만 원을 넣는다. 거스름돈은 돌려받는 대신 나눔꽃 운영기금으로 기부한다.

생각 외로 귀농한 사람들이 옷 낭비를 많이 하는 편이라는 게 지난해부터 나눔꽃지기를 담당하고 있는 류정희 씨의 얘기다. 도시에서 지니고 있던 것들을 그대로 가지고 내려오다 보니 옷장과 서랍장에 처박힌 옷은 몇 해째 주인의 손길을 타지 못하고 점점 더 잊혀 간다. 때문에 "나눔꽃에는 비워내려는 마음이 있다"는 나눔꽃 창단 멤버 지숙현 씨의 말이 큰 울림으로 다가온다. 나눔꽃에 진열된 수많은 물품들은 쌓아두고 재워두려는 축적의 마음이 아니라 비워내고 덜어내려는 나눔의 마음이다.

"일주일에 한 번 마을 주민들이 기증하신 물품을 정리해요. 지숙현 씨, 김혜원 씨, 저 이렇게 셋이 하는데요, 대부분은 되팔거나 돌려 입어도 괜찮은 물품들이지만, 가끔씩 쓰레기봉투에 넣어야 할 물품이 들어오기도 하죠. 그럴 땐 솔직히 마음이 좀 힘들어요."

얼룩이 있거나 구멍 난 옷은 양반인 셈이다. 지퍼나 단추가 고장 나 되팔 수 없는 옷도 있고, 신발의 경우엔 세탁하지 않은 채로 기부하다 보니 구매력을 잃는 경우도 적지 않다. 개중에는 곰팡이 핀 옷도 있다. 때문에 자원봉사자들이 일일이 물품을 살피고 점검해야 한다.

물건을 바라보는 관점을 바꾸다

기증된 물품들을 분류하는 기준은 이렇다. 우선 되팔 수 있는 물건을 나눔꽃 매장에 진열하고, 그다음으로 리폼이 가능한 소재들을 골라내며, 마지막으로 제3세계 국가들에 보낼 만한 물품들을 선별해낸다. 리폼이 가능한 소재들은 나눔꽃 매장 옆 건물에 마련된 살림꽃 작업장으로 옮겨져 솜씨 좋은 살림꽃 회원들의 손끝에서 새 생명을 얻는다. 나눔의 기쁨을 만끽하지 못할 뻔했던 물품들이 되살려지는 곳, 그곳이 바로 '살림꽃'이다.

살림꽃 회원이 모이는 목요일 오후, 김혜원 씨는 청바지 주머니를 이용한 사물함을, 한수경 씨는 청바지와 체크무늬 남방을 이용한 냄비용 장갑을, 이다기 씨는 알록달록 짜투리 천을 이용한 머리띠를 만드느라 분주하다. 티셔츠를 세모지게 재단하여 박음질한 후 똑딱 단추로 마감한 유아용 멋내기 스카프는 유아용이 아니었으면 싶을 만큼 탐이 난다. 한 동네에 살면서도 살림꽃을 바느질 솜씨 좋은 아줌마들의 취미활동 이상으로 생각하지 못했는데, 이들이 모인 이유를 들어보니 그 태생부터가 남다르다. 바느질을 하되 부재료를 제외한 모든 소재를 나눔꽃에 들어온 물품으로 충당한다. 바느질을 통한 리폼, 즉 바느질을 통한 되살림의 활동이 살림꽃의 핵심 활동인 것이다.

"매 순간 깨어 있어야 한다고 할까요? 새 천을 사서 만드는 게 아니니까 조각조각들을 이어내야 하는 경우가 많거든요. 그러다 보니 결국 물건을 바라보는 관점 자체가 달라지기도 하죠. 많이 생각할수록 버릴 것이 줄어들어요."

"이렇게 하기 위해 일상에 얼마나 집중해야 하는지, 그 온전한 일상에 대한 집중이 얼마나 아름다운 결과를 가져올 수 있는지 마흔이 훌쩍 넘어 깨달았다"는 류정희 씨의 말은 옷을 다루는 회원들의 태도에서도 드러난다. 김혜원 씨는 자칭, 타칭 티셔츠로 실 만들기의 대가다. 티셔츠를 잘라 실로 만드는 과정은 묘기에 가깝다. 직물 절단 전용칼이 있으면 수월하겠건만 비용이 만만치 않아 손수 가위를 들고 손가락에 물집을 잡혀가며 실을 만든다. 그렇게 마련한 실은 다시 발매트나 냄비 받침, 바구니 등을 만드는 데 쓰인다. 실을 만들고 남은 티셔츠의 자투리 천도 쓸모가 있다. 모아두었다가 묵은 먼지를 닦아내는 등 물티슈처럼 한 번 쓰고 버리는 용도로 사용한다.

"일상에서 물건 하나를 놓고도 정말이지 많은 생각을 하게 돼요. 리폼을 하려면 옷감 하나 고르고 거기에 어울릴 만한 다른 천들을 조합하는 데 시간이 제법 필요하거든요. 시간과 노력이 드는 일이라 무조건 싸게 팔수는 없는데, 쓰던 것을 재활용했다는 생각 때문인지 많이들 사질 않으세요. 그게 딜레마죠."

김혜원 씨가 토로하는 아쉬움이다. 마을에서 모은 물품을 나눠 쓰고 되살려 씀으로써 버려질 것들을 최소화하는 것, 이것이 나눔꽃과 살림꽃이 공존하는 이유다. 때문에 나눔꽃과 살림꽃의 결과물을 시중의 상품과 단순하게 가격 비교하는 시선들 또한 안타깝다. 나눔꽃·살림꽃 식구들의 신묘함은 한 땀 한 땀 정성이 들어간 바느질 솜씨에 있을 뿐 아니라, 한순간 한순간 물건의 타고난 쓰임새를 존중하려는 깨어 있음과 살핌에 있기 때문이다.

새 인연, 새 생명을 피워내는 사람들

살림꽃 식구들은 다음 달 열리는 마을 장터에서 지금껏 연마해온 솜씨를 뽐낼 예정이다. 얼마에 물건을 내놓을지, 또 얼마나 팔릴지 정확한 계획도 예측도 불가한 상태지만 수익금의 일부를 다시 나눔꽃에 환원하겠다는 의지만은 확고하다. 재료 공급처이자 기술을 배울 수 있었던 원천에 대한 예우의 표시다.

"수익금의 얼마를 환원할지는 몰라요. 아직 한 번도 안 팔아 봤으니까요."

호탕한 웃음으로 답하는 류정희 씨의 얼굴에서 일상을 소중히 여기는, 그렇기 때문에 그 기쁨을 온전히 만끽할 수 있는 사람의 여유로움이 묻어난다.

"자원봉사로 근근이 이어가고 있는 이 일을 생계 때문에 포기하게 될까 봐, 그게 두려워요. 공익적인 측면을 따져봐도 지원금으로 운영되는 아나바다 매장에 뒤지지 않을 만큼 소중한 일인데 유지, 관리비 정도의 지원금만으론 장기적인 계획을 세울 수 없다는 점이 아쉽습니다. 계속 나눔꽃과 살림꽃을 키워갈 수 있도록 이곳에서 일하는 사람들에게 적당한 보상이 주어지면 좋겠어요."

계절이 바뀌면 우리 가족은 다시 옷장 문을 활짝 열 것이다. 내게는 어울리지 않지만 다른 이가 멋들어지게 입어줄 티셔츠 한 장, 큰아이에 이어 작은아이도 즐겨 입었건만 이제는 깡충 짧아진 원피스 한 벌, 폼 나게 들고 다닐 공간이 마땅치 않아 구석에 처박아두었던 핸드백 등 쌓아두고 재워둔 물건들이 새 인연을 만나 나눔꽃을 피우고, 새 생명을 얻어 살림꽃을 피운다. 그 속에서 나를 돌아보고 일상을 소중히 여길 마음의 꽃 또한 조용히 피어난다. 문득 돌아보니, 꽃향기 그윽하다.

사단법인 한생명

사단법인 한생명은 인드라망공동체의 가치와 철학을 실천할 산내마을 공동체 구현을 위해 2001년 창립한 단체다. 명실상부 '귀농 1번지'로 통하는 산내면에서 한생명은 귀농인들의 사랑방이자 예비 귀농인들의 교두보가 되어왔으며 여성농업인센터, 사회문화교육원 개설 등을 통해 지역 교육 및 문화 활동의 구심점이 되어왔다. '우주만물은 한 몸 한 생명'이라는 한생명의 기본 이념 아래 마을과 지역민들의 다양한 목소리를 크게 아우를 '큰 생명'으로 거듭나는 한생명의 내일을 기대해본다.

• 살림꽃 회원들은 짜투리 천을 이용해 냄비 받침, 머리띠 등 다양한 생활 소품을 만든다.

• 나눔꽃에 기증된 물건들은 자원봉사자들의 꼼꼼한 점검을 거쳐 새 주인을 맞을 준비를 한다.

7

수달과 함께하는
수상한 데이트

수달모니터링팀 '아! 수달'

수달모니터링팀 '아! 수달'은 천연기념물 제330호이자, 멸종위기종 야생동물 1급으로 지정되어 있는 수달을 조사하고 모니터링하는 모임입니다. 2010년부터 현재까지 지리산 북부하천 일대에서 수달과 수달의 서식환경을 조사해왔으며, 최근에는 북부하천의 어류 분포 조사 또한 병행하고 있습니다.

새벽녘, 저 멀리 하천을 따라 움직이는 수상한 그림자가 있다. 비밀 작전을 수행 중인 특수 요원(?)이라고 하기엔, 행동거지가 지나치게 굼뜨다. 그렇다고 돌 틈 사이 숨겨놓은 돈다발을 찾는 조직의 꼬리(?)라고 하기엔 눈빛에 희번덕거림이 부족하다. 이 새벽에 걷다가 두리번거리다가 멈췄다가, 또 걷다가 두리번거리고 멈추기를 반복하는 너희들, 대체 뉘기냐?

북부하천 전 구간을 발로 뛰다

남원 산내와 인월에 근거를 둔 환경단체 '지리산생명연대'는 2010년 포드코리아로부터 지원금을 받아 두 개의 프로그램을 진행하였다. 하나는 지리산 인근의 식생태를 조사하는 일이었고, 다른 하나가 수달 조사였다. 북부하천에 수달이 자주 출몰한다는 정보를 듣고 덤빈 일이었다. 알고 보니 수달은 하천 생태계의 먹이 피라미드 최상위 포식자로서 모든 생명체들의 공존 여부를 파악할 수 있는 지표종이었다. 즉 수달을 관찰하고 보전하는 일은 수(水)생태계를 보전하는 일과 같았다.

"운봉부터 중군, 산내, 마천, 휴천, 용유담에 이르기까지 40킬로미터에 이르는 북부하천 전 구간을 걸었습니다. 전 구간에 걸쳐 수달의 배설물, 발자국 등 흔적이 발견되었죠. 수달이 서식하고 있다는 증거였습니다."

수달 조사팀 신강 씨의 설명이다. 조사팀은 전북환경운동연합과 구례수달보전지역에서 수달에 관한 기초교육을 마친 후 바로 현장으로 나갔다. 수달의 흔적이 자주 발견되는 곳을 골라 그중 10곳을 주요 서식처로 지정하고 순환식 조사를 시작했다. 주요 서식처 중 1곳에 무인카메라를 설치한 후 일주일에서 열흘 정도 놔두었다가 다른 서식처로 이동하는 방법이었다. 4년간 한여름과 한겨울을 제외하고는 매주 현장을 돌았다. 5년차에 접어든 올해부터는 1년에 4번, 그러니까 계절별로 한 차례씩 현장을

돈다. 이와 같은 현장 답사를 통해 2011년에는 2년간의 답사 과
정을 기록한 보고서를 발표하였고, 2014년 초에도 간략한 형태
의 보고서를 내놓은 바 있다.

수달 조사, 무분별한 개발을 저지하는 일

수달을 조사하는 일은 무분별한 개발사업을 암묵적으로 저
지하는 일과 무관하지 않다. 수달 서식지인 용유담에 건설 예
정이었던 지리산댐이 그렇고, 현재 운봉에서 진행 중인 '고향의
강' 사업이 그렇다. 고향의 강 사업이 수달 서식지인 람천을 훼
손하고, 따라서 하천 생태계가 교란될 것을 우려해 기자회견을
열기도 했으나 큰 반향을 일으키지는 못했다. 그러나 그러한 노
력이 헛되지 않게 수달에 관심을 보이거나 수달 조사팀의 동선
에 도움이 될 만한 조언을 아끼지 않는 주민들이 생겨났다.

"운봉의 운봉교부터 수달 조사를 시작했거든요. 근데 어
떤 어르신이 운봉교보다 그 아래쪽인 엄계교에 더 많다는 말씀
을 해주셨어요. 또 용유담 아래쪽 문정 문화마을에 '지소(池沼)'
라고, 수달이 많은 곳이 있는데 그 근방에 사시는 어르신 말씀
이 모내기가 끝날 무렵이면 물소가 나타난다는 거예요. 멧돼지
만큼이나 큰 물소인데 수영하는 모습을 볼 수 있다고 하시더라
고요. 어르신이 말씀하신 물소의 정체가 뭔지 파악하는 게 올해

수달 조사팀의 내부 과제이기도 합니다."

멸종 위기에 처한 야생동물을 위한 소중한 발걸음

사명감으로 시작한 일은 아니었다. '새벽 가출'이 목적인 적
도 있었고, 함께 먹는 도시락이 이유가 되기도 했다. 결과물에
대한 스트레스 없이 과정이 즐겁고 재미있길 바랐다. 수달 조사
가 대외적으로 무슨 의미가 있느냐고 묻는다면 답변이 궁색하
지만 그 과정 속에서 매년 결과물을 데이터로 축적시키는 일 자
체가 즐거웠다.

수달 조사는 포드코리아의 지원을 받아 시작한 프로그램이
었지만, 2012년 '아! 수달'로 모임의 이름을 바꾼 이후에도, 그
리고 '자연놀이터 그래'의 동물모니터링 분과로 자리 잡은 지금
도, 줄곧 민간사업으로 진행되었다. 단체에서 진행되는 사업은
목적지향성을 피할 수 없지만, 수달 조사팀처럼 사적인 회원 모
임은 신선함과 즐거움이 생명이다. 최근에는 아름다운재단의
장비 지원 프로그램에 선정되기도 했고, 인터넷 포털 사이트의
후원금 메뉴에서 후원금이 3배 정도 늘어난 일도 있었다.

주민을 대상으로 하는 체험 프로그램에서는 아이들은 물론
어른들도 신기함을 감추지 못한다. 즐거운 체험과 함께 수달에
관한 이해도 높아지니 일석이조인 셈이다.

"수달이요? 예쁘죠. 애완용으로 키우고 싶은 생각이 들 만큼 애교도 있고 친화력이 있어요. 수달이 배영하면서 물고기 먹는 모습이나 가족들이 함께 노는 모습은 정말 예뻐요. 3년 전부터는 수달과 함께 지리산 북부하천의 어류도 조사 중인데 있어야 할 개체들은 다 있는 걸로 보입니다. 물고기가 풍부하니 수달도 행복하겠죠. 지리산 북부하천은 전체적으로 건강한 생태계가 꾸려지고 있는 하천이에요."

수달은 행복하고 하천은 푸르다

오늘도 수달 조사팀은 어김없이 새벽녘 강가를 서성인다. 어슬렁대는 발걸음은 신중하고도 경쾌하다. 그 경쾌함이 수달과의 데이트 때문인지, 둘러앉아 나눠 먹을 도시락 때문인지 아리송하지만 아무려면 어떠랴. 수달이 헤엄치는 아름다운 강가에서 도시락을 나눠 먹는 행복을 스스로에게 허한 사람들. 그들의 발걸음 덕분에 수달은 행복하고 하천은 푸르다. 자, 이제 이 수상한 사람들과 '수달앓이' 하며 새벽 가출을 감행하는 일만 남았다. 수달아, 기다려라! 내가 간다!

수달모니터링팀 '아! 수달'에서
회원을 모집합니다

○ 자격 요건은?

천연기념물 제330호이며, 멸종위기종 야생동물 1급으로 지정되어 있는 족제빗과 포유류 수달! 내 기필코 수달의 뒤를 밟아 내가 수달이 되고 수달이 내가 되는 물아일체의 경지에 오르고 싶다는 향상심이 불타오르는 자, 민물고기 요리에 대한 과도한 집착이 없어 하천 어류 조사 시 어떤 대물을 잡더라도 마음의 흔들림이 없는 자라면 누구나 환영!

○ 지원 방법은?

수달모니터링팀 담당자에게 전화(010-2787-6201) 혹은 이메일(info@myjirisan.org)로 신청. (주의사항: 담당자는 임자 있으니 데이트는 수달하고 하시길!)

• 수달 서식지인 용유담. 지리산댐 건설계획을 이유로 국가명승지정이 보류된 상태다.

8
음식에 맛을 내니
사는 맛도 남달라요

협동조합 '자연에서'

협동조합 '자연에서'는 '바른 먹거리는 기본적 권리'라는 생각으로 건강한 밥상을 차리는 데 일조하는 한편, 공정한 기준과 바른 양심을 바탕으로 윤리적 나눔과 상생의 경영을 통한 식생활 개선에 앞장서고자 하는 협동조합입니다.

《작업일지1》

솔치(청어새끼) 내장과 아가미 떼기 작업을 했다. 가뭄을 해갈할 봄비 소리에 귀가 호강하고, 작업장 뒤편에 핀 산수유꽃 덕분에 눈이 훤해진다. 단단한 솔치의 몸에서 내장을 제거하고 나면 손톱 끝이 싸하게 아프다.

조합원들이 다시 모여 위생복 입고, 위생 모자 쓰고, 위생 장갑 끼고, 위생 마스크 착용하니 완전무장이 따로 없다. 들어갈 수는 있으나 내 맘대로 못 나오는, 새우잡이 배보다 더 무시무시한 작업장. 한쪽에서는 솔치 내장 제거 작업을 하고, 한쪽에서는 무쇠솥에 솔치를 덖는데, 문득 창밖을 보니 옥수수밭으로 토끼 한 마리가 뛰어다닌다. 옥수수 사이사이 심어놓은 상추 맛을 본 모양이다. 아줌마들 일제히, "토끼다~~~~" 하며 환호성. 이럴 땐 애, 어른이 따로 없다.

추석 선물과 한가위 큰 장터가 겹치면서 생산 물량이 몰려 정신이 없다. 낮에는 유기농 건표고를, 저녁에는 다시마를 손질한다. 표고 밑둥에 붙어 있는 이물질을 가위로 떼내고, 갓의 먼지를 솔로 닦아내야 한다. 다시마는 표면에 붙어 있는 해조류나 조그마한 바다 생물들을 일일이 떼어낸다. 틈틈이 유리병을 씻어 소독하고 손질된 재료들 덖고 분쇄하니 한바탕 태풍이 지나간 것 같다.

《작업일지4》

지난주부터 내린 비 탓에 바다에서 온 원재료들
이 홍역을 치르고 있다. 이른바 습기와의 전쟁이다! 제
습기 2대와 에어컨을 동시 가동하여 눅눅해지는 현상
을 막는다. 내내 에어컨이 돌아가니 몸에 냉기가 돈다.
낮에는 따뜻한 차로 몸을 녹이고 밤에는 가마솥에서
다시마를 덖으며 몸을 덥힌다. 서로를 살피며 온기를
주고받는 조합원들 덕분에 작업은 즐겁고 마음은 따
뜻하다.

맛있다! 돈 받고 팔아도 되겠는데?

아줌마 다섯이 모였다. 미술치료 모임에서 만난 인연은 자
연스레 출산과 육아의 시기로 이어졌다. 내 아이가 아닌 다른
아이의 기저귀를 가는 일이 익숙해지고, 옆집 아이를 재우는 데
내 등을 빌려주는 일이 자연스러워질 즈음 남원아이쿱소비자생
활협동조합(이하 '남원생협')이 세워졌다. 다섯 명 모두 '남원생
협'의 조합원이 되었고, 이곳에서 진행되는 다양한 교육을 함께
받으며 내실을 다졌다. 다섯 가족이 서로의 아파트를 오가며 골
목에서 아이를 키우듯 그렇게 함께 육아기를 보냈다.

늘 그렇듯 일은 우연히 시작됐다. 다섯 중 한 명의 고향인

부안에서 멸치가 공수되었다. 양념으로 먹기 위해 가루를 내고 각자의 집으로 가져가 시식을 하다 보니 노하우가 쌓여갔다.

"언니, 나 그거 떡볶이 할 때 넣었더니 맛있더라."

"김치찌개에 넣어봐. 진짜 짱이야."

손 큰 아줌마들의 양념 만들기인지라 끼리끼리 먹기엔 그 양이 어마무시했다. 지인들에게 가루를 나눠주었다. 시간이 경과하자 공짜로 받아먹던 지인들이 난색을 표하기 시작했다.

"맛있다. 돈 받고 팔아라."

조금 서툴면 어때?

공동육아 시스템을 그대로 이어받아, 각자의 집 주방을 돌며 이루어졌던 천연조미료 만들기 작업이 본궤도에 오른 것은, 2014년 지금의 사업장에 새롭게 둥지를 틀면서부터다. 시행착오를 거듭하며 '표고양' '새우군' '멸치오빠' '다시마언니' '엄선자'('엄'마가 '선'택한 '자'연에서의 약자. 솔치, 새우, 다시마, 표고를 혼합한 제품) 등 5종의 천연조미료를 개발하고 협동조합을 설립하기에 이르렀다. 조합원도 9명으로 늘어났다. 그러나 1년여의 준비 기간이 만만치 않았다. 10년에서 15년차 전업주부들이 사업에 덤벼들자니 어설프고 미숙한 점이 한두 가지가 아니었다. 모르니 배워야 했고, 관련된 교육이 있으면 죽자고 쫓아다녔다.

외부적으로 해결해야 할 문제뿐만 아니라 내부적인 소통도 중요했다. 미술치료 모임으로 속살을 드러내고, 육아기를 함께 보내며 끈끈한 동지애를 과시하며, 생협 활동으로 다져진 다부진 삶이었으나, 새로운 일에 걸맞은 또 한 번의 성장을 경험해야 했다.

"돈 자체가 목적이었다면 버티기 힘들었을 거예요. 한 공간에서 같은 일을 하는데 갈등이 안 생긴다면 거짓말이죠. 하지만 저희는 타의든 자의든 일단 얘길 하고 봅니다. 여기서 제가 막내인데요. 언니들이 물어요. '넌 어때?' '넌 어떻게 생각해?' 그러니 입을 다물고 있을 수가 있어야죠. 쌓이기 전에 풀어서 서로의 마음을 알아채고 알아주는 것이 계속 함께 일을 할 수 있는 힘인 것 같아요."

말하는 중에도 노트북에서 눈을 떼지 못하는 김현정 씨의 이야기다. 김현정 씨는 온라인을 통한 홍보와 정보 수집을 맡고 있다. 자타공인 판매왕 이설아 씨는 속칭 '잡히면 끝이다'로 통한다. 장터건 행사건 이설아 씨한테 한번 손목을 잡히고 나면 벗어나기 어렵다. 처음에는 쑥스럽기도 했지만 차츰 용기도 생기고 어느새 '무서운 아줌마 판매왕'에 등극하기에 이르렀다.

"조합원 가족이 모두 모이면 애들만 11명에서 13명에 육박해요. 연령대도 6세에서 12세까지 다양하죠. 어른들이 이래라저래라 하지 않아도 아이들끼리 제 나이에 적합한 놀이를 찾아내고 자연스레 위아래를 구별해요. 이렇게 섞여 있다 보니 '나 혼자만'이라는 생각은 설 자리가 없어요. 어울려 살아간다는 건 이런 게 아닐까 싶네요."

이설아 씨는 건강한 먹거리를 만들기 위해 시작한 일이 건강한 정신까지 담보해냈다면서 만족스러워한다. 조합 이사장이자 포장에 일가견이 있는 최영수 씨는 이설아 씨와 이틀 차이로 셋째를 낳았다. 처음부터 다시 시작해야 하는 임신, 출산, 육아의 과정도 함께할 수 있는 이가 있어 외롭지 않았다.

"뒤늦게 셋째를 가지니 아이가 어려서 아무래도 똑같은 비중으로 일하기가 쉽지 않았어요. 근데 다들 그런 상황을 이해해주고 배려해주니 정말 고맙더라고요. 그래서 할 수 있을 때 더 열심히 하자며 마음을 다졌죠."

전문 서류처리반(!) 권수진 씨가 발견한 공동작업의 묘미는 '내 일이 제일 힘들다는 생각을 버리는 것'이었다. 나만 힘든 일을 하고 있다는 잘못된 판단은 해야 할 일의 과정과 목적 모두를 흐트러뜨린다. 때문에 조합원들은 '모두, 함께' 일에 뛰어들었다. 홍보 전선에도 같이 나서 보고, 손끝이 아리도록 포장 상자도 함께 접어보고, 모자라는 대로 서류를 작성하느라 함께 골머리를 썩기도 했다. 그렇게 모든 일을 '함께'하고 나니 자신이 잘할 수 있는 일, 이른바 전문 분야도 생겼다. 1년을 고군분투한 결과였다.

"사업자의 입장으로 돌아오면 여전히 판매가 제일 문제죠. 아직 남원 특산물 인증을 받지 못했기 때문에 남원 농산물 공동 브랜드인 '춘향애인' 같은 매대에는 올라가질 못해요. 원재료가 남원산이 아니라는 이유 때문인데요, 남원에서 남원 사람이 만든, 그러니까 인적자원이 이미 남원산인 물품인데도 특산물로 인증받지 못한다는 점은 많이 아쉬워요."

협동조합 '자연에서'(이하 '자연에서') 조합원들은 불리한 조미료 단품 판매를 김부각 생산 판매와 더불어 독려하고, 할랄푸드 열풍에 발맞춰 '엄선자'가 들어간 카레 가루를 연구·개발할 예정이기도 하다.

사업장? 좋은 인연을 함께 가꾸는 아지트!

이설아 씨와 최영수 씨의 배 속에 있던 아이들이 여섯 살이 되었다. 아이가 자라는 동안 엄마도 함께 자랐다. 아이들은 여름방학이면 사업장 한쪽에 마련된 아이들 공간을 제집처럼 드나들며 사업장에서 살다시피 한다. 아이들 공간 빼곡히 각자의 여름방학 계획표가 붙어 있고, 사무실 입구에는 사업장에 들어서는 아이들이 모두 볼 수 있도록 아이들의 행동지침이 명시되어 있다. '자연에서' 사업장은 사무실임과 동시에 아이들의, 엄마들의, 그리고 가족 모두의 아지트이기도 하다. 아빠들끼리 연락을 취해 삼겹살을 구워 먹으며 저녁을 해결할 수도 있고, 식당에 함께 들어가기 민망한 대부대가 눈치 보지 않고 정겨운 밥상을 차릴 수 있는 공간이기도 하다.

아내들의 외도에 남편들이 태클을 걸어올 만도 한데, "너희끼리 하니까 재밌냐?" "언제 셔터 내리러 가면 되냐?"는 둥 새로운 세상을 꿈꾸는 아내들에 대한 마음속의 지지가 먼저다. 남들은 철없다고 혀를 찰 일이라면서도 전수진 씨는 소중한 것은 수익이 아니라 공간이며 인연이라고 강조한다.

"사업장에 대한 월세라고 생각하면 수익을 올려야 한다는 강박관념이 생기지만, 가족들이 편안하게 이용할 수 있는 공간에 대한 이용료라고 생각하면 급할 게 없어요. 좋은 인연을 맺은 사람들과 이렇게 함께 가꿔나갈 수 있는 공간이 생겼으니 어쩌면 수익을 올리는 것보다 그 인연을 소중히 여기는 것이 더 중요할지도 모르겠네요."

육아를 함께하고 협동조합을 만들어낸 그들은 이제 함께 살아갈 마을 만들기를 꿈꾼다. 우리가 살아가는 공간에서 우리의 아이들이, 또 그 아이들의 아이들이 살아갈 수 있기를, 그리고 그 마을을 꾸려나가기 위해 '자연에서'가 화수분이 될 수 있기를 소망한다. 자칫 그들만의 리그로 보일 수도 있을 그들의 과거와 현재와 미래에는 연대의 가능성 또한 열려 있다. 주부나 노인을 위한 일자리 창출에도 관심의 끈을 놓지 않고 있는 그들은, 함께할 의지와 꿈이 있는 분이라면 언제든 손을 맞잡으리라 다짐한다. 음식의 맛을 내는 '자연에서'는 이제 삶의 맛을, 더 나아가 세상의 맛을 내기 위한 더 큰 걸음을 준비 중이다.

남원아이쿱소비자생활협동조합

2004년 아파트 거실에서 대여섯 명의 조합원이 모여 출발한 남원아이쿱소비자생활협동조합(이하 '남원생협')은 2011년 3월 법인창립총회를 개최하고, 같은 해 6월 아이쿱생협남원센터 '나:비(飛)'의 문을 열었다.

나와 이웃과 지구를 생각하는 '윤리적 소비'가 사회를 변화시킬 수 있음을 뜻하는 이름, '나:비(飛)'는 나비효과 이론을 인용한 명칭이다. '나:비(飛)' 1층에는 친환경 먹을거리를 판매하는 아이쿱자연드림남원생협 도통점이, 2층에는 제3세계 농민들의 자립을 지원하는 공정무역 카페, 그리고 다양한 문화적 체험이 가능한 '나:비(飛) 소극장'이, 3층에는 조합원의 소모임을 위한 오픈 공간 '나:비(飛) 교실'이, 4층에는 아이쿱 사무실과 게스트하우스 다락안(多樂安)이 운영되고 있다.

'나:비(飛)'는 소비자 운동의 메카이지만 단지 그것만은 아니다. 그곳에서 그들이 주고받는 것은 물건이며 문화이고 윤리적 소비가 세상을 바꿀 수 있다는 확신이다. '나:비(飛)'는 오늘도 나비효과를 꿈꾸며 천만 조합원의 날갯짓으로 비상 중이다.

• 협동조합 '자연에서'는 조합원들의 사업장이자, 좋은 인연을 함께 가꾸는 아지트이다.

• 시행착오를 거듭하며 '표고양' '새우군' '멸치오빠' '엄선자' 등 5종의 천연조미료를 개발하고 협동조합을 설립했다.

9
먼저 나선 이들을 위한
작은 쉼표 하나

인드라망 사회연대쉼터

'인드라망 사회연대쉼터'는 우리 사회의 진정한 평등, 평화, 그리고 자연을 포함한 모든 이들의 존엄성이 존중되는 사회를 만들어가는 과정에서 지치거나 아픈 이들을 위로하고 함께 지켜나가기 위한 쉼터입니다.

남원시에서 19번 국도를 따라 장수 방향으로 달린다. 산동면에 이르러 왼쪽 길로 접어드니 사위가 사뭇 고요하고 아늑하다. 대상면 보건소를 지나 왼쪽으로 길을 잡는다. 마을로 접어드는 길에 못 미쳐 차 한 대가 겨우 지나갈 만한 좁은 길이 나온다. 눈이라도 내리면 도리 없이 몸과 마음을 내려놓아야 할 투박하고 외진 길이다. 그 길의 끝자락에 '귀정사'가 자리하고 있다.

쉼터, 귀정사에 둥지를 틀다

장엄한 위용을 자랑하기보다는 편안함이 느껴지는 절 '귀정사'는 백제 무령왕 15년(515년), 현오국사가 창건한 사찰로 일찍이 '만행사'라 불리다가 백제의 왕이 사흘간 고승의 설법을 들으며 국정을 살피고 돌아갔다 하여 귀정사로 이름을 바꾸었다 한다.

2011년 한진중공업 정리해고에 반대하며 희망버스를 이끌었던 송경동 시인은 2012년 겨울을 이곳 귀정사에서 났다. 노동운동과 사회운동으로 20년을 매진해온 삶이었다. 기륭전자 비정규직 투쟁 과정에서 뒤꿈치가 산산조각 나는 부상을 입었고 희망버스 기획 과정에서는 수배와 투옥을 감당해야 했다.

몸과 마음이 이미 바닥난 상태였던 그는 현 조계종 화쟁위원장인 도법 스님을 비롯한 불교계 인사들로부터 귀정사를 추천받았다. 귀정사 공양주 보살님에 의하면 "시커먼 게 절뚝거리면서 들어오더니 보얗게 되어서는 제 발로 걸어 나가"던 이, 그가 바로 송경동 시인이다. 그는 4개월간 머물렀던 귀정사를 떠나면서 귀정사가 자신뿐만 아니라 자신과 같은 처지의 동료들에게도 쉼터가 되어주길 바랐다. 도법 스님과 귀정사의 전 주지 스님이었던 중묵 처사가 의기투합했다. 마침 도법 스님이 귀정사의 운영방침을 '스님이 아닌 재가자가 중심되는 절'로 표방한 터였다.

기존의 요사채와 만행당을 쉼터로 쓰고, 추가로 귀틀집 두 채를 더 지었다. 이 귀틀집을 짓기 위해 한진중공업 해직 노동자, 기륭전자 비정규직 노동자, 남원시 산내면의 귀농자 목수가 한자리에 모였다. 이윤엽 판화가는 현판을 만들었고, 파견 미술 활동가들은 쉼터로 사용될 방의 문패를 만들어 달았다. 귀정사 측의 적극적인 공간 확보가 일을 추진하는 데 큰 힘이 되었다.

쉼터의 공간사용료는 무료다. 공간 운영기금은 인드라망과 뜻을 같이하는 연대 회원들을 통해 충원된다. 쉼터에는 보통 열 명 남짓의 사람들이 들고 난다. 시민운동가, 비영리단체 활동가, 노동운동가, 농민운동가 그리고 암 투병 중인 환자와 일반 직장인에 이르기까지 방문객의 현황 또한 다양하다. 그들은 대부분 스스로 시간을 꾸린다. 쉼터에서 정해놓은 프로그램은 없다. 말 그대로 자기 주도적 쉼인 셈이다. 스님과 함께 예불을 드리거나 명상을 하거나 차를 마실 수도 있고, 텃밭 가꾸기 같은 공동 작업에 참여할 수도 있다. 이것 역시 자유의사다. 방문자 중 글을 쓰는 이가 있으면 독서 모임이 만들어지기도 하는 등 쉼터 방문자의 특징에 따라 모임이 꾸려지기도 한다. 최근에는 컨테이너를 개조해 작은 사무실 겸 카페를 만들었다. 처음에는 서먹서먹하지만 아무래도 현장에서 활동하던 사람들이라 소통이 잘되는 편이다. 일주일에 한 번은 한의사에게 진료도 받는다. 중묵 처사와 함께 쉼터의 공동대표를 맡고 있는 순천 들풀

한의원 윤성현 원장을 통해서다.

노동과 휴식, 그 모두가 삶의 일부

"다른 영역 활동가들에 비해 노동 현장에 있는 동지들은 잘 쉬러 오질 않아요. '나만 쉴 수 없다'는 일종의 죄책감 때문이겠죠. 노조 집행부에서 좀 쉬라고 추천을 하면 정작 추천받은 사람이 안 와요. 지금까지 쉼터를 방문한 사람 중에 노동운동에 몸담고 있는 동지들은 다섯 명 정도에 불과할 거예요."

쉼터지기인 최정규 씨가 안타까움을 토로한다. 최정규 씨는 독일로 파견된 광부 출신 노동자이다. 제너럴모터스(GM)에서 근무하였고 줄곧 독일과 한국을 오가며 노동운동에 관여하였다. 2002년에는 민노당 연수원지기를 맡기도 하였는데, 그 후 독일에 머물다가 쉼터가 만들어진다는 소식을 듣고 달려와 인연을 맺게 되었다.

"투쟁은 연대하자면서 생활은 각자의 몫으로 넘겨버리는 한국 노동운동의 현실이 안타깝습니다. 운동이 지속되려면 삶도 연대해야 하거든요. 독일 저항운동사에서 중요한 위치를 차지하는 68혁명 노동자들은 건물을 공동으로 임대해서 40명 정도가 함께 생활했어요. 누군가가 일 때문에 가정 혹은 가족을 지킬 수 없는 경우 다른 동지가 그 무게를 나누는 거죠. 내가 없으면 안 된다는 생각이나, 자기만큼 일하지 않는 동지를 평가 절하하는 분위기도 문제예요. 쉬는 것이 재충전의 기회라는 걸 자꾸 잊어버리는 것 같아요."

그의 이야기에는 후배 활동가들을 향한 절절한 안타까움이 배어 있다. 아직은 쉼터가 널리 알려지지 않은 탓도 있겠지만, 공짜로 자기만 쉬러 간다는 미안함이 크게 작용했을 것이다.

쉼터의 집행위원장을 맡고 있는 장병관 씨는 민주노총 공 공연맹에서 활동하다가 남원 산내로 귀농했다. 그는 쉼터 생활 을 통한 방문자들의 변화를 귀농 후 달라진 자신의 삶 속에서 찾아낸다.

"귀농 전에는 아내와 마주 앉아 얘기할 시간이 없었어요. 근데 이젠 시간이 넘쳐 나서 자연히 둘이 얘기를 많이 하게 돼 요. 그 대화 속에서 나를 돌아볼 여유를 갖게 되더라고요. 결국 그 여유가 다른 사람을 보는 시선에도 변화를 가져오죠. 다른 것을 인정하게 된다고 할까요. 일하는 것과 쉬는 것 모두 삶의 일부이고 똑같은 비중으로 중요하다는 생각이 들어요."

인드라망이란, 인드라신이 살고 있던 궁전에 드리워진 가 없는 구슬 그물을 뜻한다. 그 구슬은 서로를 비춰주며 끊임없이 연결되어 있는데, 인간 세상의 모습 또한 이와 다르지 않다는 연기적 세계관의 비유적 표현인 것이다. 장병관 씨가 생각하는 일과 휴식은 인드라망의 구슬이 비추고 있는 또 다른 구슬일지도 모른다.

지친 그대들을 위한 따뜻한 쉼터를 희망하며

장병관 씨는 몸과 마음을 추스를 수 있는 쉼터가 전국적으로 확대되기를 소망한다. 공간의 확장과 함께 쉼터를 방문하는 사람들의 현황도 실업이나 취업, 생활 전반이나 문화적 이슈 등 다양한 범위로 확장되었으면 한다.

"인드라망 쉼터가 일종의 촉매제가 되었으면 좋겠습니다. 기업에 연수원이 있듯이 노조에는 쉼터가 있었으면 해요. '너희 정도 규모면 쉼터 하나는 있어야 하는 거 아냐?'라고 자극하는 거죠. (웃음) 사실 쉬고 싶어도 돈이 없어서 쉴 수 없는 활동가들이 너무 많아요."

콜트콜텍 노동자들이 방문하겠다는 전화를 받았다던 최정규 씨는 "그렇게 오랫동안 고생한 동지들이 온다고 하면 몸이 떨려요. '얼마나 힘들었을까. 지금껏 얼마나 힘들게 버텨왔을까' 하는 생각에 마음이 저리죠. 부디 짧은 시간이나마 이곳에서 편안하게 쉬었으면 좋겠습니다"라며 애틋해했다.

콜트콜텍 노동자들은 2007년 일방적인 공장 폐쇄 조치 이후 2014년 현재까지 7년간 끝나지 않는 복직 투쟁을 벌이고 있다. 그 투쟁의 깊이를 가늠하고도 남을 선배 노동자 최정규 씨의 눈두덩이 뜨거워지는 이유다.

귀정사는 사망 후에 왕생(往生)하는 정토가 아니라 현실을 불국토로 만들고자 염원했던 원묘국사가 머물렀던 곳으로도 유명하다. 귀정사 뒤편으로 만행(萬行)산 자락이 보인다. 제법 가파른 오르막이다. 현실을 불국정토로 만들기 위해 만인이 다녀갔을, 혹은 만 가지 고행 후에야 도달할 수 있을 법한 오르막이다. 그 오르막 앞에, 가슴 뜨거운 이들의, 앞장섰기에 멈출 수 없었던 이들의 작은 쉼표, '인드라망 사회연대쉼터'가 있다.

• 장엄함을 자랑하기보다는 편안함이 느껴지는 절 '귀정사.'

• 쉼터를 들고 나는 사람들은 스스로 자신의 시간을 꾸린다.

10
산내 청춘들의
두근두근 자립 프로젝트

살래청춘식당 '마지'

살래청춘식당 '마지'는 이 공간을 찾는 모든 이들을 환대하며 맞
이한다는 뜻의 '맞이'와, 마을에 뿌리내리기 위한 첫번째 프로젝
트라는 뜻이 담긴 '맏이'(첫째)를 소리 나는 대로 이름한 것으로,
지리산 자락의 작은 마을 산내에서 일하고 배우고 나누며 살고
싶은 청년들이 음식을 매개로 마을·세상과 소통하고 교류하는
커뮤니티 밥집입니다.

《홀에서는 공사가 한창》

곡괭이와 해머를 든 찰진 근육질의 사내(!)가 바
닥을 내리친다. 두려워 마시라. 좌식 공간이었던 홀의
절반을 평탄하게 만들기 위한 작업일 뿐이니. 쪼개진
시멘트 덩어리와 충전재를 싹쓸이하는 야무진 언니들
은 흩날리는 먼지를 두려워하지 않는다. 소음과 먼지
를 뚫고 미소를 띠는 그대들, 속칭 인테리어 팀이라는
그늘의 정체가 당최 궁금하다.

《주방에서는 메뉴 개발이 한창》

갖은 재료를 넣어 맛을 낸 양념 간장에 지리산 흑돼지 삼겹살을 졸이고, 살짝 볶은 숙주나물과 양파, 반숙한 계란을 함께 얹은 차슈덮밥. 아직 2퍼센트 부족한 맛이지만 지리산 흑돼지의 진정한 맛을 선보일 그날을 고대하며 메뉴개발팀은 포기를 모른다. (포기는 배추 셀 때나 쓰는 말이라고!) 지리산 고사리의 고소하고도 깔끔한 맛이 들깨와 어우러진 고사리 파스타는 인기 메뉴로 등극하리라는 강렬한 예감에 휩싸인다.

《텃밭에서는 땀 흘리는 재미가 한창》

살래청춘식당 '마지'가 만들어질 공간 근처에 풀이 주인이었던 자그마한 텃밭을 정리한다. 일명 '마지 콩알텃밭'이다. 풀도 매고, 돌도 고르고, 지나가는 마을 분들께 인사하며 안부도 전하고 이 텃밭에서 자랄 채소류가 '마지'의 식자재가 되는 그날을 꿈꾸며 함께 땀 흘리는 재미를 조금씩 알아간다.

초등학생 때부터 알고 지내던 '벼리,' 중등대안학교에서 인연을 맺은 '탁구' '봉자' 그리고 '라온,' 아랫마을의 홈스쿨러 '그니'와 '느꽁' 남매, 고등학교 졸업 후 가족과 함께 산내로 들어온 '이내,' 대안대학인 인드라망 대학의 새내기였던 '쏘야.' 이들이 모여 밥집을 연다. 이름하여 '살래청춘식당 마지.' 이 공간을 찾는 모든 이들을 환대하며 맞이한다는 뜻의 '맞이'와, 마을에 뿌리내리기 위한 첫번째 프로젝트라는 뜻이 담긴 '맏이'(첫째)를 소리 나는 대로 이름한 이들의 식당은 '밥'을 매개로 서로의 안녕을 챙기며 이런저런 작당을 도모코자 하는, 각자의 닉네임만큼이나 사연 많고 다양한 그들의 프로젝트다.

두근설렘깜짝은근 청춘식당 프로젝트

인드라망 대학에서 에스페란토어를 청강하던 '이내'와 '탁구'는 생각했다.

'친구가 있었으면 좋겠어.'

인드라망 대학으로 향하는 그 고즈넉한 길을 걸으며 둘은 또 생각했다.

'왜 이렇게 외롭지?'

평생 인간이 벗 삼으며 짊어져야 할 외로움이라지만, 시골에서 이십대를 보내고 있는 그들이 느끼는 외로움은 상황과 조건의 탓이 컸다.

"저처럼 자의로 내려온 사람도 있고 부모님들의 의지에 의해 귀농귀촌 2세대가 된 친구들도 있어요. 도시의 삶에 피로감을 느껴서, 혹은 여기가 좋아서 살기는 하는데 제 또래 젊은이들이 다들 자꾸 떠나가더라고요. 뭘 배우러 가기도 하고, 직장을 구하러도 가고. 여기는 아무래도 기회가 부족하니까요."

'쏘야'는 하던 일을 잠시 쉬고 싶어 산내행을 택했지만 산내에서의 삶에 장기적인 플랜을 세운 상태는 아니었다.

가족과 떨어져 청주의 환경단체에서 활동가 일을 하던 '이내'는 가족의 권유에 따라 산내에 조금 늦게 입성했다. 산내에서도 '나름' 잘 지내고 있다고 느꼈지만 외로움은 금세 해소되지 않았다. 또래 친구가 필요했다.

'산내엔 이십대도 많다던데 다 어디에 있는 거지? 왜 만날 수가 없는 거지?'

때문에 '이내'는 친구를 만나기 위해 자주 청주행 버스를 탔다. 산내에서 대안 중고등과정학교를 졸업하고 지역에서 제빵 일을 하던 '탁구'도 불투명한 미래와, 변화가 더딘 지역의 삶에 고개를 갸웃거리던 참이었다. 외로움이란 키워드로 의기투합한 '이내'와 '탁구'는 일단 사람들을 만나보기로 했다. 둘이 모여 '어느 마을에 누가 사는데 그 애도 외롭게 지낸다더라'는 정보가 입수되면 전화를 걸어 접촉을 시도하고, 셋이 모여 또 다른 정보를 얻으면 또 연락을 취해 선을 댔다. 적극적이면서도 유연한 태도 덕분에 대망의 2014년 6월 29일, '이내' '탁구' '쏘야' '라온'이 한자리에 모였다.

우리는 만나야 한다

일단 모인 그들은 열심히 놀았다. 처음에는 현재 산내에서 진행되고 있는 '시골살이학교'의 청년버전, 즉 귀농귀촌을 꿈꾸는 청년들을 위한 일종의 도농교류 캠프를 준비해볼까 생각하기도 했다. 그러나 그들은 곧 마음을 고쳐먹었다. '일'보다 '노는 것'이 먼저라고.

각자의 집을 돌며 둘러앉아 음식을 함께 만들고 만든 음식을 함께 나눴다. 아지트로 삼다시피 한 '탁구'의 집이 있었고 요리를 좋아하는 '벼리'가 있었기에 가능한 일이었다. 왜 직접 만들어 먹었냐고? 놀 공간이 없었고, 술을 마실 공간이 마땅치 않았고, 우리의 입맛을 만족시킬 식당이 없었고, 무엇보다 '돈'이 없었다.

"제 수중에 인도카레 파우더가 있었어요. 인도의 맛을 보겠다고 다들 달려들었죠. 근데 영 맛이 안 나는 거예요. 결국 '탁구' 집에 있던 오뚜기 삼분카레를 투하해서 대충 맛을 맞춰 먹은 적도 있어요."

모임의 맏언니인 '쏘야'는 멤버 중 자기가 제일 요리가 서투르다며 일상을 스스로 살아낼 줄 아는 동생들을 은근히 치켜세운다. 얼핏 보기엔 임기응변식 쿠킹클래스 같지만 모이기 전 SNS를 통해 요리의 주제를 의논하고 매번 담당 셰프를 선정하기도 하는 용의주도한 모임이었다. 최소 일주일에 한 번은 만나던 그들을 마을 사람들은 '살래청년모임'이라는 이름으로 부르기 시작했다. '작은 자유'라는 지금의 모임 이름은 오지은이 부른 동명의 노래에서 따왔다. 노래 부르기를 즐기는 '라온'이 모임 친구들과 자주 부르던 노래였다. 노랫말처럼 '너와 함께 따뜻한 커피를 마실 수' 있기를, '너의 미소를 오늘도 내일도 모레도 계속 볼 수' 있기를, '네가 계속 꿈을 꾸기를, '우리 손 안의 작은 자유를 지켜가기를 바라는' 마음이었다.

지속가능한 만남을 위하여

"음식을 나눈 만큼 이야기도 많이 나눴어요. 함께 웃고 노래하고 참 즐거운 시간이었죠. 일단 만나면 좋았으니까요. 그런데 점점 '이것 이상 뭔가가 없을까' 하는 욕심이 생기더라고요. 우리 중에는 일반학교를 다닌 친구도 있고, 대안학교를 졸업한 친구도 있고, 홈스쿨링을 한 친구도 있는데, 그렇게 다양했던 삶의 방식만큼이나 다양한 생각들을 실현시킬 수는 없을까 하는 생각이 들었어요."

'이내'는 궁금했다. 그러나 이것이 '이내' 혼자만의 궁금증은 아니었다. 마침내 새로운 질문이 시작된 것이다. 그들은 이제 '함께 무엇을 할 수 있을까. 우리의 만남은 지속가능한 것일까'라는 또 다른 질문 앞에 섰다. '쏘야'는 4개의 시민단체가 공동기획 한 '기본소득 시나리오 공모전'에 응모할 것을 제안했다. '멀지도 가깝지도 않은 미래의 어느 날. 한국 국민 모두에게 '기본소득'으로 일정액이 지급되기 시작한다면?'이라는 질문에 가상의 시나리오로서 답하는 것이 공모전의 개요였다. 시나리오를 준비하면서 '이내'와 '쏘야'를 비롯한 '작은 자유' 친구들은 또 한 번의 변화와 성장을 경험해야 했다.

"점점 고민을 하게 됐어요. 생각해보라고 뭔가를 자꾸 던져주는 기분이었거든요. 기회가 주어지지 않는 이 지역에서 살아남을 수 있을까, 이곳에서의 삶은 지속가능한 것일까. 스스로 질문을 하고 답을 찾다 보니 '작은 자유'라는 이름으로 뭔가 하고 싶어지더라고요."

'작은 자유'의 시나리오가 공모전에 선정되었다. '작은 자유'는 마을 카페에서 공모전의 결과를 공유하고, 주민들과 함께 기본소득이 개인과 마을, 더 나아가 사회를 어떻게 변화시킬지 전망해보는 '상상 잡담회'를 진행하였다. 기본소득에 대한 질문으로부터 출발한 그들의 행보는 시골살이의 지속가능성을 타진하기 위한 '사회적 경제' 들여다보기라는 새로운 과제를 부여받았고, '사회적 경제 생태계 탐방' '시골살이를 꿈꾸는 청년들의 네트워크 파티'를 거쳐, 지난해 12월에는 사회적 경제 탐방의 내용을 공유하고 '작은 자유' 반년의 역사(!)를 돌아보는 '그들과 우리의 안녕 이야기'를 준비하기에 이르렀다. 그 과정을 통해 그들이 깨달은 것은 사회적 경제란 어렵고 따분한 경제학이 아니라 '너 그리고 나의 안녕을 챙기는 일, 바로 그것'이라는 점이었다.

우리 한번 지역에서 시작해보자!

그들은 반년 동안의 질주를 멈추고 생각했다. 그들이 선택한 것은 스스로의 욕구에 집중하는 일이었다. 이름하여 자체 워크숍 '친해지기 바래!' '작은 자유' 멤버 중 살짝 사이가 소원한 두 명씩 짝을 지어 전주 시내를 돌아다니는 일일 코스와 사회적 경제 탐방 시 인연을 맺은 완주의 게스트하우스에서 2박을 하는 코스였다. 휴지기 이후 서로를 다독이는 '작은 자유'만의 영리하고 지혜로운 선택이었다.

"2015년에 대한 계획을 세우려고 마련한 자리였는데 2014년을 평가하느라 바빴어요. 2014년이 다른 사람의 제안을 따르고 '아, 그거 좋겠다. 한번 해볼까?'로 시작했던 시간이었다면 이제부터는 우리 스스로 계획하고, 우리가 하고 싶은 것에 대해 조금 더 적극적으로 의견을 내놓으며 실천해보자고 마음을 다졌죠."

하지만 막상 무엇을 해야 할지, 무엇을 시도해야 할지 쉽게 엄두를 내지 못했다. 하고 싶은 것을 하고 싶다는 자발성과 그것을 해내야 한다는 책임감, 그 양 날개가 좀처럼 수평을 이루지 못하고 있었다. 긴 겨울만큼이나 긴 혼돈의 시간이었다. 늘 회원의 집을 전전하며 이루어지던 모임이었으니 공간에 대한 욕심이 피어올랐으나 막상 그 공간에서 '뭐 할 건데?'라는 질문에는 속 시원한 답을 내놓지 못했다. 더 필요해지면, 더 간절해지면 지속가능해지면 공간은 저절로 따라오리라는 어른들의 조언에 일단 몸과 마음을 실어보았다. 겨울이 지나고 봄이 왔다. 봄과 함께 마을의 오래된 밥집이 터를 임대하겠다는 소식도 더불어 전해져 왔다.

"모임 친구들이 요리를 즐기니 밥집을 해보는 건 어떻겠냐는 제안을 처음 들었을 땐, 사실 이게 뭔가 싶었어요. 밥집이라는 거, 식당이라는 걸 제 인생과 결부시켜서 생각해본 적이 한 번도 없었거든요. 근데 당시 개인적인 이유로 산내를 떠나고 싶어 했던, 음식 만들기를 즐기는 '벼리'가 그 제안에 정말 기뻐했던 기억이 나요."

스스로를 '작은 자유'의 촉매제라 여기는 '쏘야'는 당시를 이렇게 회상한다. 하지만 동남아시아를 여행 중이던 '이내'는 사정이 좀 달랐다. 멀리 떨어져 있던 그에게 산내에서 돌아가는 상황은 실제보다 더 빠르게 느껴졌다. 부담이 없지 않았고 저것이 과연 나의 일일까라는 의문 때문에 관계 맺음도 더뎠다. 그러나 '이내'는 생각했다. 산내에 살며 내가 경험할 수 있는 최대치가 어쩌면 이 프로젝트 안에 있을지도 모른다고. 그 안에서 구체적인 무엇을 찾아낼 수 있을지도 모른다고.

내가, 우리가 발 딛고 설 수 있는 첫번째 프로젝트

친목도모를 위해 모였던 그들이 이제는 '일'을 한다. 공간에 대한 욕구가 있었고 시골에서 청년의 삶이 지속가능할지 의심스러웠으며 이십대에 걸맞은 경제적 활동이 절실했던 그들이 마침내 내적 욕구와 외적 에너지가 부합되는 타이밍에 도래하였다. 음식을 나누듯 마음을 나눈 그 시간 덕분에 '일'을 중심에 두고 만나는 모험을 감행하고자 한다. '이내'가 자신에게, 그리고 친구들에게 던지는 격려의 한마디는 이것이다.

"'마지'가 우리 여정의 종착점이라 생각하진 않아요. 이것을 매개로 더 많은 가능성이 열리겠죠. 산내에서 발을 딛고 설수 있는 첫번째 프로젝트니까요. 하지만 이번만큼은 한발 뒤로 물러서기보다는 열과 성을 다해 한걸음 내딛는 계기로 삼고 싶어요."

'마지'는 지난 6월, 소셜 펀딩을 통해 공간 재구성을 위한 비용을 충당했다. 모두 104명의 후원자가 700만 원이 넘는 돈을 내놓았다. 청년 귀촌 캠프에서 안면을 튼 친구는 직접 찾아와 부엌에서 쓸 선반을 '뚝딱' 짜주었고, 귀촌 새내기인 일명 '도자기 삼촌'은 '마지'에서 쓰일 그릇을 손수 구워주었다. 둘째라면 서러운 동네 기술자 삼촌들이 수도공사를 지원했으며, 마을 주민들은 지나가듯 공사 현장에 들러 페인트를 칠했다. 수많은 사람들의 응원에 힘입어 2015년 8월, 마침내 살래청춘식당 '마지'가 문을 열었다.

'마지'는 분명 마을 주민들을 포함한 많은 후원자들의 공간이요, 소통의 창구임에 분명하지만, 이제 '마지'는 후원자도 자원봉사자도 그 누구도 아닌 '마지'의 문을 열어젖힌 '마지'들의 식당이다. 지금이 바로, 그들이 스스로 정한 그들의 핵심가치 '뻔뻔하되(나에게 표출할 의견이 있고 그것을 발언할 권리가 있음을 알되) 겸손하기(내가 아는 진리가 언제나 부분적이고 전혀 진리가 아닐 수도 있음을 받아들이기)'를 실천할 타이밍인 것이다.

《'마지'가 있는 산내에는 청년들의 꿈이 한창》

"나 또한 떠날 생각을 계속 했었다. '여긴 너무 할

게 없고 힘들어' 하며. 하지만 살래청춘식당 '마지'를 준
비하면서 우리 중 누군가가 바로 이곳에 자리 잡고 있
을 거라 생각하니 꽉 잡아주는 느낌이 든다. 여기서 일
하며 살아가는 데 원동력이 될 수 있을 거라는 생각이,
이제는, 든다."

_3월의 어느 날 '작은 자유' 회의록에서.

낮고 느리게 걸으니
너와 내가 보이네

지리산 만인보

'지리산 만인보(智異山萬人步)'는 단순 소박한 삶을 지향하는 사람들의 지리산 걷기 모임입니다. 더 많은 것, 더 높은 곳을 향해 달리느라 소유와 힘의 논리, 경쟁과 지배의 논리로만 살아온 현대인의 삶을 성찰하고자 출발한 만인의 발걸음입니다.

무시무종의 먼 길을 걸어보면 알리라
길이 길을 막는 게 아니라
길이 길을 부르고 있었다는 것을
한 걸음 또 한 걸음
이보다 더 빠른 길은 이승에 없나니
발바닥이 곧 날개였다는 것을
_이원규, 「길이 길을 막다」에서

366일 동안 338킬로미터, 850리 지리산 길을 걸었다. 침묵하고 걸으며 함께 걷는 이들을 존중하고 배려했던 사람들, 그 길에서 꽃잎 한 장, 풀씨 하나 취하지 않고 오히려 가진 것을 내려놓고자 했던 사람들, 운명의 산, 평화의 산, 공동체의 땅 지리산을 걸은 사람들. 그들은 무엇을 위해 그 길을 걷고 또 걸었던 것일까.

만인이 하나되는 발걸음

1990년대에 시작되었던 구례군의 케이블카 설치 계획이 2009년 다시 불거졌다. 2009년 5월 1일, 환경부가 자연공원 보존지구 내 케이블카 설치 구간을 현행 2킬로미터에서 5킬로미터로 늘리는 자연공원법 시행령과 시행규칙을 입법 예고했기 때문이다. 반대운동을 하던 환경 활동가들 사이에서는 자괴감이 싹텄다. 어쩌면 케이블카가 올라가는 걸 지켜봐야 할지도 모른다는 무력감을 떨쳐내기 어려웠다. 북한산 관통도로 반대운동 실패로 인한 여파도 컸다. 속도전을 방불케 하는 개발 광풍 속에서 출구는 보이지 않았다.

"무력했어요. 그래서 구례에 있는 활동가들이라도 무작정 걸어보자고 제안했죠. 아무 생각하지 말고, 아무 말도 하지 않고 걷고 싶었어요. 혼자라도 걸을 생각이었습니다."

'국립공원을 지키는 시민의 모임'(이하 국시모) 윤주옥 협력
처장은 당시를 이렇게 회상했다. 왜 혼자 걷느냐며, 함께 걷자
며 그녀의 제안에 뜻을 함께한 사람이 적지 않았다. 2009년 봄
부터 시작된 고민은 여름, 가을의 현장답사를 통해 구체화되었
다. 걷기도 하고 차로 오르기도 하고 오토바이를 타기도 하며
다섯 차례에 걸쳐 답사를 했다. 주로 2007년부터 조성된 지리
산 둘레길 개통구간이거나 개통 예정구간이었다. 많은 사람들
이 함께 걸었으면 하는 생각에서 '만인보(萬人步)'라 이름 지었
다. 고은 시인의 연작 시집이 만인의 족보이자 계보(萬人譜)였
다면, 이는 만인의 발걸음이 될 터였다.

　2010년 2월 구례 화엄사에서 시작된 '지리산 만인보'는 2011
년 2월 남원 실상사에서 그 대장정을 끝내기까지 총 2,400명,
중복해서 다녀간 이들을 추려내더라도 450명에 이르는 사람
들이 참여했다. 그들은 1년 동안, 2주에 한 번씩, 스물네 차례
에 걸쳐 걸었다. 아이가 있었고 어른이 있었으며 단체의 활동
가가 걸었는가 하면 단체와는 아무 상관없는 일반인들도 그 길
을 함께했다. 깃발을 들고 행렬의 앞과 뒤에서 묵묵히 걷던 이
들이 있었고 스물네 번의 걸음에 한 번도 빠지지 않았던, 그 한
해 '지리산 만인보'가 '삶의 목표'였던 참가자도 있었다. 그들은
걸으면서 침묵했고 그 길과 함께 살아온 이들의 삶을 존중했으
며 자연과 조우하여 내 자신이 먼저 낮아지고자 했다.

케이블카 문제를 해결하려는 과정에서 시작한 걸음이었으나 '지리산 만인보'는 오히려 케이블카 문제를 포함한 환경운동 전체를 바라보는 시각과 태도에 전환점이 되어주었다.

"만인보가 아니었다면 여전히 조직운동가의 태도로서, 케이블카 반대운동 역시 조직운동가의 일로써만 접근했을 거예요. 지리산만의 무언가가 있다는 사실을, 사람과 길의 역사인 지리산이 엄연히 존재한다는 사실을 깨달았죠. 뿐만 아니라 국시모 외에 다른 환경단체들의 존재 이유도 다시 생각하게 됐어요. 운동의 방법에 전환이 필요하다는 인식을 하게 된 거죠."

윤주옥 처장은 특히 그 길에 살고 있는, 살아오신 분들의 이야기를 접한 경험이 참 소중하다며 마을에 들를 때마다 누렸던 이장님의 환대는 지금도 잊히지 않는다고 했다. 자신의 마을에 대해 열심히 설명해주고 자신이 부족하다 싶으면 정통한 분을 모셔오기까지 했다. 그들을 통해 '지리산을 사랑하는 사람들이 이렇게 많구나. 지리산을 사랑하는 사람들이 케이블카도 반대하는구나' 하는 점을 확인했다.

"1년간의 발걸음을 마무리하면서 만인보에 참여한 사람들이나 만인보를 통해 만난 사람들을 이후 어떻게 엮어낼지 고민하지 않은 것은 아니에요. 하지만 막상 뭘 하게 되지는 않았어요. 워낙 많은 단체와 사람들이 참여한 탓에 국시모에서만 뭔가를 도모하는 건 얌체 짓이기도 했고요. 만인보를 통해서 지역민들의 신뢰를 회복했다는 점에 만족합니다. 지난 발걸음이 큰 자취로 남지는 못하더라도 이후에 꾸려나갈 일들의 좋은 자료가 되리라 믿어요."

윤주옥 처장이 웃으며 답했다. 실제로 '지리산 만인보'에는 종교계와 문화예술계를 비롯한 여러 단체의 인사들이 참여하였고 남원, 산청, 하동, 구례, 함양에 지역위원회가 꾸려지기도 하였다. 2011년 2월, '지리산 만인보'의 행보는 공식적으로 마무리되었지만 '걷기예찬' '걸어도 걸어도' 등 국시모 내부의 걷기 모임들은 만인보를 꿈꾸며 여전히 걷고 있다. 길 위에서 이루어지는 삶에 관한 성찰은 좀처럼 매듭지어지지 않을 모양이다.

이원규 시인의 「길이 길을 막다」를 읊조리며 시작되었던 만인의 걸음, '지리산 만인보'는 한보리 씨의 「달팽이의 노래」를 부르는 것으로 마무리되었다. "난 천천히 갈 테야. 풀꽃들에게 다가갈 테야. 세상의 작고 여린 것들과 다정하게 눈 맞출 거야." 한보리 씨의 노랫말처럼 그들은 '천천히' '세상의 작고 여린 것들'과 '눈 맞추려' 했다. 다비드 르 브르통은 그의 책 『걷기예찬』에서 이렇게 말한다. '걷는 것은 자신을 세계로 열어놓는 것'이라고. 또한 '아름다움이라는 것은 민주적인 것이기 때문에 만인에게 주어진다'고. 그 아름다움이 만인의 것임을 알고 걷는 그대는 이미, 충분히, 아름답다. 자신을 세계로 열어놓은 그대는 아름답다.

3

경남
——
산청
하동
함양

1
'빈둥'대다
'꿈틀'대다

카페 '빈둥'

카페 '빈둥'은 '슬렁슬렁, 빈둥빈둥, 유유자적한 삶을 함께 연구하고 나누어 미래, 돈, 효율을 향해 쉬지 않고 달리는 세상에 똥침을 가하고자' 하는 빈둥생활연구소 연구원들이 빈둥대며 은근슬쩍 일을 벌이는 실험실입니다.

《금요일엔 '빈둥시네마'》

오늘의 빈둥시네마는 아이들의 환호성과 함께 시작된다. 상영작은 불멸의 고전 「E.T」! 영화가 상영되는 내내 환호성과 눈물로 뒤범벅이 된 초등학생 15명, 이에 뒤질세라 음악과 함께 신바람 난 어른들 서너 명. 자전거가 하늘을 나는 장면에선 사람들이 함께 날고, 엘리엇과 E.T가 헤어지는 장면에서 카페는 온통 눈물 바다가 된다.

《일요일엔 '빈둥은 장날'》

'빈둥'은 문을 열지 않지만, 문을 연다. 이름하여 오픈 마켓 '빈둥은 장날.' 직접 만든 오미자 효소며 고등학생의 수제 머핀과 중학생이 만든 천연 비누까지. 함양 인근에서 공급된 각종 수제 잼과 손으로 만든 팥찌, 동글동글 뻥튀기가 장터를 장식한다. 인심 좋은 주인장은 장사는 뒷전이고 주방까지 '오픈하며 흥정을 붙인다.

'빈둥,' 너 누구냐

'빈둥은 함양초등학교 인근에 자리한 카페다!' 라고 딱 잘라 말하기엔 뭔가 심상치 않은 카페다.

'누군가 미리 내신 아메리카노 한 잔, 카페라떼 한 잔'이라고 쓰인 알림판이 주인보다 먼저 손님을 반긴다. 이른바 '서스펜디드 커피 운동.' 손님이 커피값을 미리 지불해놓으면 노숙자나 형편이 어려운 사람들이 무료로 커피를 마실 수 있게 하는 나눔운동이다. 실내 한쪽 벽면을 차지한 기하학적 책장이 북카페 비슷한 분위기를 풍긴다. 그 맞은편 벽엔 공정무역 포스터가 떡하니 붙어 있다. 그렇다. '빈둥'에서 마시는 커피는 '착한커피'인 것이다! 포스터 주위에는 손님들이 직접 그린 얼굴 그림이 그야말로 덕지덕지 붙어 있다. 테이블 한쪽에서는 소년(인지 청년인지)의 기타 연주가 한창이다. 정말이지 손님 따위는 아랑곳하지 않는 자유로운 연주다. 얼마 후에 이곳에서 열릴 음악회의 연주자란다. 번잡하나 딱히 어지러울 것 없는 이 독특한 분위기를 떡하니 붙들어 매어두고 있는 '빈둥.' 너, 대체 정체가 뭐냐?

귀농과 탈서울의 완충지대에서 공간을 꿈꾸다

카페 '빈둥'의 주인장인 김찬두 씨와 이은진 씨는 2012년 도시 생활을 접고 함양에 내려와 둥지를 틀었다. 부부가 도시 생활을 정리한 이유는 여느 귀농인들과 크게 다르지 않다. 결혼 후 아이를 낳았고 먹거리를 고민해야 했고 아이가 자라날 환경 역시 걱정거리였다. 도시에서 조망해야 하는 미래는 불투명했다. 자연스레 한 뼘이나마 내 손으로 일궈낼 땅이 욕심났다. 거기에 '탈(脫)서울'이라는 욕망이 동승했다. 그러나 귀농에 대한 부담감이 적잖았기에 농부로서의 삶을 온전히 받아안을 자신은 없었다. 그렇게 도시의 삶과 탈도시의 삶을 기웃거리는 사이, 큰아이의 취학 시기가 다가왔다. 부부는 작은 규모의 학교를 원했고 제주도까지 내려가 보았지만 인연이 닿지 않았다. 도시에서 하우스셰어를 하며 가족처럼 지내던 함양의 지인을 떠올렸다. 지인 덕분에 둘레길도 구경하고 천년의 숲 상림을 돌아보며 함양을 둘러볼 기회를 갖게 되었다. 부부는 생각했다. 함양이라면 시작해볼 수 있지 않을까. 함양은 그들에게 귀농의 부담감과 탈서울의 욕망을 완충시킬 수 있는 지역이었다.

"늘 어떤 공간을 꿈꿔왔어요. 여행자나 지인들을 위해 먹거리와 잠자리를 제공할 수 있는 공간을 생각했죠. 지역 사람들과 청소년이 모여 북적거릴 수 있는 공간도 원했고요. 막연하게 공간을 차지하고 있을 수는 없었기에 카페를 겸한 공간을 생각했습니다."

문화기획자였던 전직 탓인지 김찬두 씨는 공연 및 전시 공간, 특히 강좌와 워크숍에 관심이 많다. 이를테면 '30년간 자전거포를 운영한 할아버님께 듣는 자전거 강좌' 같은, 지역인이 강사가 되고 또 지역인이 수강생이 되는 강좌를 꿈꾼다. 아내인 이은진 씨는 오랫동안 교육 관련 출판사에서 일을 했고 대안교육센터에서도 근무했다. '아, 내가 직접 해보고 싶다'는 욕망이 싹튼 것도 어쩌면 대안교육센터에서 벌어지는 다채로운 작업을 지켜보던 그 시기였는지 모른다.

김찬두 씨 역시 그랬다. 문화기획자 역할을 통해 거꾸로 작은 공간에서 벌어지는 작은 행위의 소중함을 생각하게 되었다. 언젠가 함양군청의 공무원이 김찬두 씨의 경력을 전해 듣고 '빈둥'을 찾아온 일이 있었는데, 공무원은 대뜸 이렇게 물었다.

"아니 왜 그런 걸 이런 조그마한 데서 합니까?"

김찬두 씨의 대답은 이랬다.

"그런 걸 이런 조그마한 데서 해보고 싶어서 여기까지 내려왔는데요."

얼마 전 부부는 함양중학교 근처에 새로 집을 지었다. 집은 가족의 살림집이기도 하지만, '빈둥'에서 해결할 수 없는 일을 꿈꿀 수 있는 두번째 공간이기도 하다. 2층은 오픈 도서관이나 게스트하우스처럼 열린 공간으로 꾸밀 계획이다.

"기본적으로 닫힌 사고와 닫힌 공간은 싫어서요."

김찬두 씨의 말이다.

빈둥대도 하늘은 무너지지 않는다

카페 '빈둥'은, 실은 '빈둥생활연구소'의 부설기관이다. 빈둥생활연구소는 '빈둥대도 하늘은 무너지지 않는다는 믿음을 가지고/유유자적한 몸과 마음을 연습해나가는/창조적 빈둥의 산실을 꿈꾸는 빈둥대는 생활연구소'이다. 슬렁슬렁, 빈둥빈둥, 유유자적한 삶을 함께 연구하고 나누어 미래, 돈, 효율을 향해 쉬지 않고 달리는 세상에 '똥침'을 가하고자 하는 연구원들이 불철주야 연구를 지속하고 있는 '핫'한 곳이다. 2014년 현재 '빈둥철학'을 꿈꾸었던 그들에게 '빈둥'에서 벌어지는 일들은 어떤 의미가 있는지 김찬두 씨에게 물었다.

"아마도 활력인 것 같아요. '빈둥'에서 혹은 '빈둥'을 통해서 이 지역에서 없었거나 덜했던 것을 경험하기를, 그래서 활력이 생기기를 바랐죠. 일종의 활력 프로젝트라고나 할까요."

'빈둥'은 친구나 애인과 함께 커피를 마시는 장소이기도 하지만(기실, '은밀함'을 원하는 이들에겐 효율성이 떨어지는 곳이기는 하다!), 낯선 이들이 만나 무엇인가를 도모하고 나누며 변화하는 장소이기도 하다. 고등학생과 원어민이 '빈둥'에서 만나 서로의 모국어를 가르쳐주기도 하고, 고객인 중학생이 빈둥시네마의 홍보 포스터를 자청해서 그려놓기도 한다.

"그 과정을 통해 변화가 생기죠. 사람들의 표정이 밝아지는가 하면 이제야 살맛이 난다는 얘기를 듣기도 해요. 연결의 묘미에서 느껴지는 보람이랄까. 서로 다른 생각을 가진 사람들이 이 공간을 통해 친해지고 이해하게 되고 변화하는 것. 그런 것을 지켜보는 보람이 있어요."

이은진 씨가 '빈둥'에서 찾은 보람이다. 보람이 큰 만큼 고민도 더해간다. 카페 운영과 더불어 크고 작은 행사 진행을 감당해야 하는 어려움이 그것이다. 오픈 마켓을 진행하면서는 적극적 스태프 혹은 또 다른 운영자의 필요를 느끼기도 했다.

"이를테면 오픈 마켓을 열 때, 이 지역 사정을 잘 아는 그누군가가 필요하더라고요. 마켓에 적당한 물건을 만들거나 관심이 있는 사람이 있다면 그 친구를 끌어들이고 연결해줄 수 있는 그런 사람이요. 앞으로는 운영자보다는 이곳을 찾는 사람들이 스스로 무엇인가를 만들어내고 재미를 느끼면서 즐길 수 있으면 좋겠어요."

'빈둥'은 카페다

'빈둥'의 고객층은 다양하다. 귀농자 그룹이 있는가 하면 지역민도 있고 청소년들도 있다. 함양에는 적지 않은 카페와 카페 차원의 휴식 공간이 있다. 그럼에도 불구하고 왜 사람들은 '빈둥'에서 빈둥대는 걸까.

"편안하다고들 하세요. 물론 저는 '맛있어서요'라는 말을 더 듣고 싶지만요."

사람 좋은 웃음으로 답하는 이은진 씨. 빈둥대는 사람들의 중심에는 바로 그녀가 있다. 이은진 씨의 아이가 학교에 다니니 자연스레 학부모가 드나들고, 엄마나 아빠의 손을 잡고 아이들도 카페 문턱을 넘나든다. 오픈 마켓처럼 공식적인 근무일이 아닐 때에도 사람들은 수시로 그녀를 찾는다. 단순히 인맥 때문이 아니라 손님들을 대하는 이은진 씨의 마담으로서의 태도도 한 몫을 한다.

"작은 동네에서 작은 카페를 운영하는 사람의 입장이라는 게 쉽지만은 않아요. 선을 넘지 않으면서, 멀지도 가깝지도 않게 관계를 운영하는 기술이랄까? 그런 게 필요하더라고요."

'빈둥'에는 누구나 올 수 있고 누구든지 커피를 마실 수 있고 원한다면 마담과 이야기도 나눌 수 있다. (그러니 마담이 걸어놓은 포스터 한 장, 운영자가 선정한 영화 한 편에 가랑비에 옷 젖듯 마음이 젖는 것은 결코 주인장의 계산된 의도가 아니라니깐요.) 하지만 '빈둥'은 문화공간이기 이전에 카페다.

"얼마 전에 둘이 그런 얘기를 했어요. 커피에, 카페에 더 집중을 하는 게 좋겠다고요. 자본으로부터의 독립을 소망하지만 카페는 수익을 올려야 유지가 되는 영업장이잖아요. 그 수익을 통해 문화공간을 꾸려가기도 하구요. 스스로 동력이 생길 때까진 카페에 좀더 집중하면서 지속가능성을 타진해보려고 해요."

'빈둥'의 주인장은 여전히 꿈을 꾼다. 더 많은 사람들이 '빈둥'의 주인이 되는 그날을. 그래서 주인장에게 1년에 두 달의 휴가가 허해지는 그날을. 그리하여 그 두 달간 주인장이 온전히 빈둥댈 수 있는 그날을.

카페 문을 닫고 집으로 돌아가는 길. 이은진 씨는 자전거 페달을 밟으며 생각한다. '길이 참 좋구나.' 그렇다. 빈둥대다 꿈틀대니 그 길이 어찌 아니 좋을 소냐.

● '빈둥'은 어떤 곳이라 딱 잘라 말하기엔 뭔가 심상치 않은 카페다.

● 북카페 비슷한 분위기와 몽글몽글 거품 가득한 커피와 손님 따윈 아랑곳 않는 자유로운 연주가 공존하는 카페 '빈둥.'

2
대안교육,
함께 불러온 성장의 노래

간디고등학교

산청에 위치한 '간디고등학교'는 한국의 교육이 근본적으로 거듭
나야 한다는 사명감을 가지고 1997년 문을 연 대안학교입니다.
창의적인 지식교육 및 감성교육과 덕성교육을 통하여 진정한 의
미의 특성화학교를 만들어가고자 합니다.

월요일 아침, 선생님과 아이들이 둘러앉는다. 몇몇 아이들
이 인기 아이돌 그룹의 최신곡에 맞춰 칼 군무를 춘다. 현란한
핑거스타일 주법으로 기타를 연주하는가 하면, 때 묻은 습작노
트를 꺼내어 자신이 꿈꾸는 세상에 대해 시를 읊는 아이들도 있
다. 아이들뿐만이 아니다. 선생님도 아이들이 섰던 바로 그 자
리에서 자신의 첫사랑을 고백한다. 짝사랑으로 점철된 청소년
기의 일기장을 공개하기도 하고 아이들의 기타 반주에 맞춰 자
신의 애창곡을 부르기도 한다. 매주 월요일 산청 간디고등학교

(이하 간디학교)는 이렇게 한 주의 문을 연다. 그 흔한 교장 선생님의 훈화 말씀조차 없다. 각자에게 주어진 10여 분의 시간에 자신을 드러내고 내가 아닌 다른 이와의 소통을 시도한다. 1년 동안 120명의 학생과 20여 명의 선생님 모두에게 공평하게 주어지는 10분. 간디학교의 '주를 여는 시간'이다.

왜, 대안교육? 그래, 대안교육!

1994년 산청 외송리에 '간디농장'이 문을 열었다. 이듬해에 성인을 위한 '간디대학' 단기 강좌가 개설되었고, 1997년에는 '간디청소년학교 교육노동조합'이 창립되었으며, 그해 3월 마침내 '간디청소년학교'가 문을 열었다. 의욕적으로 내딛은 대안교육의 첫발자국이었지만 녹록지 않았다. 학교 운영을 위한 각종 자금이 필요했으나 그 모든 비용을 학부모의 주머니에서 끌어낼 수는 없었다. 국가로부터 예산을 받으면 보다 체계적인 교육이 가능하리라는 학부모의 기대도 무시할 수 없었다.

중고등통합과정으로 출발한 간디학교는 1997년 교육청으로부터 특성화고등학교로 인가받았다. 김대중 정부가 막 들어선 시기였고, 국민의 정부는 대안교육을 법적인 테두리 안으로 끌어들이려는 제스처를 취했다. 공교육의 파행적인 운영과 청소년 자살이 급증하던 시절이었다. 교육부의 인가를 통해 경제적인 어려움은 다소 해결되었지만 내적인 갈등이 완전히 사라진 것은 아니었다. 대안교육이라는 커다란 이념에 동의하였다고 해도 그 이념을 실현하는 방법은 함께하는 사람의 수만큼이나 다양했다.

2000년 8월, 경상남도 교육청의 특별 감사가 시행되었다. 특성화고등학교로 인가받은 간디학교가 의무교육인 중학교 과정을 운영하는 것은 불법이므로, 중학교를 해산하라고 통보했다. 이것이 3년간 이어진 투쟁의 서막이었다. 학교 측이 이를 수용하지 않자 예산 지원이 중단되었고, 도교육청은 당시 2대 교장이었던 양희창 선생님을 고발하였다. 현재 간디학교 교사이자 당시 대책위 집행위원장이었던 최보경 선생님은 그 상황을 이렇게 회상한다.

"아주 힘든 시기였어요. 대안교육이라는 큰 뜻을 어떻게 실현할지, 저마다 다른 방법을 내세우던 시기였으니까요. 가치지향적인 사람이 있는가 하면 현실적인 문제 해결이 더 시급한 사람도 있었죠. '개학하면 선생님은 또 안 계시겠죠?'라고 아이들이 물어올 만큼 이직률도 높았고요. 그런데 아이러니하게도 이런 내부적인 갈등이 교육청과의 싸움 때문에 수면 밑으로 가라앉았어요. 바깥 문제를 해결하기 위해 내부적으로는 오히려 똘똘 뭉치게 된 거죠."

파장은 컸다. '간디학교 살리기 시민모임'이 결성되었고 여론 또한 관심의 끈을 놓지 않았다. 공중파의 탐사 보도 프로그램을 통해 간디학교 문제는 전국적인 관심의 대상이 되었다. '저런 학교도 있구나' 하는 단순한 호기심은 '저런 학교도 있어야 하겠구나'라는 대안적 사고를 가능하게 했다.

줄어든 예산을 충당하기 위해 교사들은 임금을 삭감했고 기금을 모았다. 학부모들은 릴레이 1인 시위와 단식을 통해 도교육청의 결정이 부당함을 널리 알렸다. 교장 선생님이 법정에 섰고 학교는 문을 닫을 위기에 놓였다. 학교 측은 양희창 선생님의 공판을 법정 체험 수업으로 채택, 50여 명의 교사와 학생이 공판을 지켜봤다. 판사는 선고유예를 선언했다. 무죄나 다름 없는 판결이었다. 3년간의 싸움은 헛되지 않았다. 선고유예를 이끌어낸 것도 그러했지만 그 과정은 학생뿐만 아니라 교사, 학부모에게도 생생한 배움의 기회가 되었다. 또한 대안교육을 무화시키려는 부당한 시스템을 접하며 사람들은 거꾸로 대안교육의 필요성을 인식하게 되었다.

"1999년에 그저 한번 둘러봐야지 하는 마음으로 간디학교에 왔었어요. 아이들이 축구를 하면서 뛰어노는데 돼지랑 거위가 그 사이를 가로질러 가더라고요."

그 광경이 잊히지 않았기 때문일까. 최보경 선생님은 간디학교에 지원했고 1999년부터 지금까지 간디학교에 몸담고 있다. 지원했을 때만 해도 학교라고 생각하기조차 힘든 '학교'였다. 하나에서 열까지 스스로 만들어가야 하는 상황이었다. 뒷간을 직접 만들고, 모인 똥을 스스로 푸고, 숲을 교실 삼아 수업을 했다. 공교육 변화의 필요성을 느낀 학부모나 대안적인 삶이 필요했던 아이들은 그 일을 마다하지 않았다. 초기에는 아이들과 안정적인 생활을 꾸리는 것이 급선무였다면, 교육청과의 싸움이 끝난 후에는 보다 내실 있는 수업을 꾸려내는 일에 집중했다.

교사연수가 시작되었다. 지속적인 사례 발표가 이루어졌고 체계적인 대안교육을 위해 교재를 직접 만들었다. 그런데 검찰은 해당 교재에서 최보경 선생님이 북한의 주체사상을 정당화하고 대한민국을 미국의 식민지로 규정하고 있다면서 불구속 기소하였다. 최보경 선생님은 국가보안법을 위반한 혐의로 재판정에 서게 되었고, 2008년부터 8년을 끌어온 법정 싸움은 2015년 3월 대법원이 무죄를 선언함으로써 종결되었다.

사랑과 자발성에서 출발하는 대안교육

간디학교의 교육철학은 '사랑'과 '자발성'의 원칙으로 표현된다. 즉 교사와 학생 사이에 신뢰와 사랑이 싹트고, 그 관계 위에서 가르침과 배움 모두 자발적으로 이루어질 때 참교육이 실현된다는 것이다. 자발적으로 시작하여 그 책임 또한 자발적으로 감당하는 간디학교의 대표적인 프로그램이 바로 '식구총회'다. 일주일에 한 번 열리는 식구총회를 통해 교사와 학생이 한자리에 모여 학교에서 일어나는 크고 작은 일들을 협의한다. 이른바 간디학교의 최고의사결정기구이다. 의장단 역시 학생들로 꾸려지며 교사는 가능한 한 말을 아낀다. 여기에서 일반학교의 학칙에 해당하는 학교의 규칙도 정해진다. 그 규칙을 지켜야 하는 사람은 학생뿐만이 아니다. 이를테면 수업 시간 중에 휴대폰이 울리면 3일간 압수당한다. 물론 식구총회에서 결정된 규칙이다. 실제로 최보경 선생님도 압수를 당한 경험이 있다. 이 공평하기 이를 데 없는 식구총회의 회의록은 '공동체의 약속'이라는 이름으로 쌓여간다.

1997년에 개교하였으니 대안교육의 첫 삽을 뜬 지 2014년 현재 만 15년이 지났다. 졸업생의 스펙트럼 또한 넓다. 대안교육 활동을 하고 있는 졸업생이 있고 문화재단이나 장애인종합복지관에 둥지를 튼 졸업생도 있다. 세 엄마의 아이가 된 졸업생도 있으며 제자에서 동료가 된 졸업생도 있다. 간디학교 학생들에게 '안군'이라 불리는 안준영 선생님은 간디학교 4기 졸업생이다. 이들은 간디학교에서 '무엇을 하느냐' 이전에 '어떻게 보느냐'를 배웠다. 대안교육을 받은 아이들은 이제는 대안적인 삶을 고민하고 더 나아가 대안적인 사회를 꿈꾼다. 간디학교의 학생들처럼 온몸으로 비를 흠뻑 맞고 운동장을 뛰어다니거나 숲 속 바위에 누워 낮잠을 청해본 사람이라면 아주 조금은 다른 시선으로 세상을 보게 될지도 모를 일이었다.

"졸업생들이 이곳에 와서 터를 잡고 새로운 일자리를 얻고 결혼을 해서 아이를 낳고 그 아이가 자라서 간디학교에 다니고…… 이것이 공동체의 순환 모델이 아닐까 생각해요. 마을 공동체가 제대로 서려면 학교가 구심점 역할을 해줘야죠. 아직은 여러 가지 현실적인 문제 때문에 대안학교와 지역이 연대하는 것이 쉽지 않지만 10여 년쯤 시간이 더 흐르면 가능하지 않을까 싶어요."

최보경 선생님은 진정한 공동체는 마을에 뿌리를 내려야 하고 그 중심에 학교가 서야 한다고 강조했다. 교육청과의 싸움 이후 충북 제천으로 중등과정이 이전하면서 '제천간디학교'가 세워지고 '간디학교'는 '간디고등학교'로 이름을 바꿨다. 간디학교에서 미처 수용하지 못한 학생들을 위해 '금산간디학교'가 문을 열었으며, 산청 갈전마을에 중등과정인 '간디마을학교'와, 조금 더 떨어진 곳에 초등과정인 간디 '어린이학교'가 세워졌다. 2011년에는 '아시아에 봉사하는 리더를 기르는 학교'를 표방한 '필리핀 국제간디학교'도 문을 열었다. 이들은 모두 간디학교의 철학을 공유하며 문화제, 영화제 등을 통해 학생들 간의 교류를 도모하고 매년 교사연합연수도 가진다. 자매학교의 성격을 띠지만 운영은 별개다. 이사회도 모두 개별적으로 조직되어 있다.

자갈밭에서 퍼 올린 첫 삽이었으나 그 흙은 수많은 호미와 괭이와 삽으로 인해 곱디고운 흙이 되었다. 그리고 그 흙을 뚫고 나온 대안교육의 싹은 이웃 텃밭의 씨앗이 될 만큼 훌쩍 자라났다.

간디학교의 한 학기는 '물레제'로 마무리된다. 축제의 마지막은 언제나 선생님과 아이들이 함께 부르는 합창이다. "한 사람이 영적으로 성장하면 온 세계가 성장한다"는 간디의 금언이 선생님과 아이들의 입을 통해 울려 퍼진다. 함께 부르는 성장의 노래는 맑고도 우렁차다.

3
닭이 호강하니
삶이 건강해요

간디유정란농장

'간디유정란농장'은 쾌적한 환경에서 성장촉진제나 항생제를 쓰지 않고 야마기시 농법으로 키우는 일명 '호텔 꼬꼬'들의 보금자리입니다. 농장에서 생산되는 계란은 공장식 축사를 지양하고, 소농 직거래를 지향하는 마음을 담아 진주시 일원 400여 명의 회원들 집으로 직접 배달됩니다.

경남 산청 둔철산 자락, 몸을 실은 차량이 가파른 길을 힘겹게 오른다. 몇 굽이를 넘었을까. 너른 길이 열리고, 여기구나 싶었는데 차가 다시 오른쪽으로 길을 잡는다. 조용한 마을이다. 연둣빛 이파리의 눈부심 속에 사위는 고요하기만 하다. 정적을 깨는 소리가 들린다. '꼬끼오~!' 제대로 찾았다. '간디유정란농장'(이하 간디농장)의 닭들이 초행객을 모른 척하지 않아 다행이다.

호텔 꼬꼬를 아시나요?

간디농장은 한마디로 쾌적한 닭장이다. 우선, 냄새가 거의 없다. 접근 자체를 불가하게 하는 그 냄새, 일반적인 닭장이 풍기는 고약한 냄새가 온데간데없다. 장닭의 울음소리와 암탉의 꼬꼬댁 소리가 어우러지는, 그야말로 음양의 조화를 존중하는 닭장이다. 폭신폭신한 닭장 바닥은 쌀농사의 부산물인 왕겨와 숲의 선물인 부엽토 덕분이다. 왕겨와 부엽토에 남아 있는 미생물이 배설물의 자연 발효를 도와 냄새가 나지 않는다. 이것을 닭똥과 섞어 다시 농작물의 퇴비로 사용한다.

산란 기간이 지난 노계를 빼내어 닭장이 텅 비는 날이면, 삽과 괭이를 든 마을 주민들이 농장으로 하나둘 모여든다. 항생제 섞이지 않은 사료와 풀을 먹고 자란 닭, 그들의 배설물과 부엽토가 만들어낸 닭똥 거름을 수확하기 위해서이다. 그러니 닭똥 거름은 유정란과 함께 간디농장의 소중한 2차 생산물인 셈이다. 마을 주민들의 일은 거름을 거두어가는 것으로 끝나지 않는다. 그들은 다시 숲으로 가서 부엽토를 모은다. 거름을 거두어간 그들의 손에 의해 양탄자 부럽지 않은 부엽토가 깔린다. 이른바 '호텔 꼬꼬'의 새로운 보금자리가 완성되는 순간이다. 호텔 꼬꼬란 인근 간디학교 학생들이 간디농장의 닭들에게 붙여준 이름이란다. 억세게 운 좋은 호텔 꼬꼬들은 이토록 쾌적한 환경에서 모래 목욕을 하고 일광욕을 즐긴다.

이곳의 닭은 모두 1,000수가량으로, 8평의 공간에 100마리가 살아간다. 길거리의 구두 수선점이 약 1평 정도이니 A4용지한 장 너비 공간에 두 마리의 닭을 키우는 케이지식 양계에 비하면 호강도 이런 호강이 없다.

"케이지식 양계는요, 축산업이 아니라 공업이에요. 밤새 불켜두죠, 사료 담은 컨베이어 벨트 돌아가죠. 그 공장식 축사를돌아가게 하느라 들어가는 에너지가 어마어마하잖아요. 여기선지하수 끌어올리는 모터 말고는 에너지 쓰는 게 없어요. 손으로먹이 주죠, 자연 채광하죠, 환기도 창문으로 해결해요."

농장 대표인 최세현 씨의 얘기다. 10여 년 넘게 유정란 농장을 운영해온 최세현 씨는 산란실을 보여주겠다며 일행을 안내한다. '똑똑' 노크가 먼저다. 산란실에는 산란 중인 암탉과 알을 위한 검은 커튼까지 드리워져 있다. 기척을 느낀 암탉들이한편에서 멀뚱히 일행을 바라본다. 갓 낳은 알도 그 알을 낳은어미도 모두 따뜻하다.

소비자와 생산자, 모두가 행복한 먹거리

최세현 씨는 귀농 전 시멘트 회사를 다녔다. 11년간 직장생활을 했고 마흔이 되던 1999년, 다른 길을 찾아야겠다고 결심했다. 청주귀농학교를 다니며 인연을 맺은 괴산 눈비산마을에

홀로 들어가 1년 2개월간 닥치는 대로 일을 했다. 이 세상 모든 것들이 하나로 연결되어 순환한다는 일체관을 바탕으로 닭을 하나의 인격체로 보는, 자유롭게 햇볕을 쬐며 모래 목욕을 하고 짝짓기를 할 수 있는 조건을 만들어주는 야마기시 농법에 마음이 끌렸다. 소비처만 확실하다면 경제적인 안정도 가능하겠다 싶었다.

야마기시 농법에 의한 유정란 생산을 꿈꾸던 최세현 씨의 눈에 들어온 것이 '간디생태마을 입주자 모집' 공고였다. 주저할 것 없이 입주 신청을 했고 입주 예정자 18명 중 첫번째로 집터를 닦았다. 이듬해인 2001년 2월, 단양에 남아 있던 식구들을 모두 데리고 들어와 그해 4월에 닭장을 짓기 시작했다. 병아리를 들이고 초란이 나올 무렵, 손수 만든 전단지를 쥐고 아파트 단지를 돌며 회원을 모집했다. 총 20가구의 회원이 모였다. 일단 일을 시작하면 뒤를 돌아보지 않는 성격 덕에 13년 전 20가구로 시작한 회원은 400가구로 늘어났다. 매주 월요일과 목요일에 200가구씩 나누어 직접 계란을 배달한다. 생산량이 많지 않아 업체 납품이 여의치 않기도 했지만 발품을 팔더라도 직거래를 통해 소비자에게 다가가야 한다는 생각에서였다.

"농산물을 생산하는 데 필요한 에너지만큼 유통을 위한 에너지도 많이 들잖아요. 실은 닭을 키우는 일보다 직접 배달하는 일이 더 힘듭니다. 하지만 내가 생산한 계란을 누가 드시는

지 알 수 있어 좋고, 소비자들은 건강하고 신선한 지역 농산물을 드실 수 있으니 좋지요. 소농 직거래를 통해 로컬 푸드의 의미를 되새기게 됩니다."

유정란의 가격은 10알에 4,500원, 한 개에 450원 꼴로 여타 생활협동조합이나 유기농 판매처에 비해 비싼 편이다. 소규모이니 단가가 셀 수밖에 없다.

"회원들에게 누누이 강조합니다. 생산자의 삶이 안정적이어야 생산물의 질이 올라간다고요. 가격이란 수요와 공급의 원리에 의해 책정되는 것이 아니라 생산원가에 생산자가 행복하게 살 수 있는 최소한의 이윤이 더해져서 결정되는 것이라는 게 제 지론이에요."

최세현 씨는 소비자가 직접 농장을 방문하여 생산지를 둘러볼 수 있는 행사도 마련했다. 1년에 한 번 열리는 '농장 방문의 날'이 그것이다. 부모의 손에 매달려 닭장 앞에서 쭈뼛거리던 아이들도 이내 안으로 들어가 닭장 안을 두리번거리고 갓 낳은 알의 온기를 느껴본다. 소비자는 생산 과정을 두 눈으로 직접 확인하고 생산자는 소비자와 가족 같은 유대감을 확인한다. 이로써 '건강함'이라는 신뢰가 형성된다.

최세현 씨가 회원들과 신뢰를 쌓아가는 방법은 또 있다. 두 달에 한 번 배포되는 소식지가 그것이다. 농장이 자리한 안솔기 마을 소식을 전하고 소비자가 궁금해할 만한 이슈를 간략하게 다룬다. 최세현 씨가 6년째 공동의장직을 맡고 있는 진주환경운동연합의 소식이 실리기도 한다. 두 달에 한 번, 회원들은 건강한 계란과 따뜻한 마음을 함께 받는다. 작은 배려가 만들어내는 아름다운 어울림이다. 그래서 소식지의 제목 또한 『어울림』이다. 실은 최세현 씨는 지리산권에서 널리 알려진 환경운동가이다. 지리산 둘레길 모니터링에서 지리산 케이블카 반대운동에 이르기까지 담당하고 있는 일의 스펙트럼 또한 넓다.

욕심을 내려놓고 단순하게 일하기

14년간 최세현 씨에게 호텔 꼬꼬 비법을 전수받은 이가 이미 열 손가락을 채운다. 이제 제자에서 어엿한 동료가 된 이들과 소농이 감당해야 하는 크고 작은 어려움들을 함께 나눈다. 200마리 안쪽으로는 배달해주지 않는 병아리나 소분 구입이 어려운 사료는 공동구매한다. 두 달에 한 번 모여 농장 운영에 관한 의견을 나눈다. 유정란 배달을 위한 택배용 박스도 이들과 제작했다. 이쯤되면 대규모 농장 부럽지 않은 시스템과 조직력을 구축한 셈이다.

"닭은 오전에 알을 낳기 때문에 알 모으고 사료 주는 데 하루 4시간이면 충분해요. 돈을 벌기 위해 4시간 일하고 나머진 하고 싶은 일을 하죠. 이 정도로도 생활은 가능합니다. 욕심만

부리지 않는다면요."

14년째 이어오는 유정란 농장이지만 1,000마리의 닭과 400명의 회원 규모를 확장할 생각은 없다. 단순하게 일하고 과도한 욕심을 내려놓는 것. 이것이 '간디농장'이 지속가능한 이유다.

• 억세게 운 좋은 호텔 꼬꼬들은 쾌적한 환경에서 모래 목욕을 하고
일광욕을 즐긴다.

• "간디유정란, 그 시작은 숲입니다."

4
아이들의 놀이터,
어른들의 사랑방이 되고 싶어요

작은 도서관 책보따리

'작은 도서관 책보따리'는 악양면의 귀농인들과 지역 주민이 뜻을 모아 자발적으로 설립한 사설 도서관입니다. '책 읽는 즐거움으로 설레는 도서관, 아이와 어른들이 함께 행복해지는 도서관'을 꿈꾸는 마을 주민에 의한, 마을 주민을 위한 마을의 도서관입니다.

《일주일을 기다렸다! 화요일엔 카드배틀》

아이들이 삼삼오오 들어선다. 책가방을 내던지고 서너 명이 둘러앉아 유희왕 카드를 꺼내 늘어놓는다. 카드 배틀이 시작된다.

《무더워야 물렀거라! 수요일엔 시삼매경》

도서관 문이 열리려면 30분이나 남았는데도 아

이들이 문 앞에 모여 있다. 에어컨을 미리 켜놨지만 2층의 온도는 이미 30도를 넘어섰다. 땀을 뻘뻘 흘리면서도 아이들은 시그림책을 만드느라 꼬박 2시간을 버틴다.

《묻지도 따지지도 말자! 목요일엔 청소년방 접수》

고학년 여자아이들이 쪼르르 청소년실로 들어간다. 이면지도 가져가고 매직도 달라 하고, 단체로 연애편지라두 쓰는 것일까?

《말할까 말까? 수요일 밤엔 개똥철학》

도서관은 문을 닫았지만 소모임은 계속된다. 이름하여 개똥철학! 중학교 언니 오빠야가 굳게 다문 입을 열까 말까 고민하는 시간이다.

소통 이전에 찾아온 성장의 고통

악양면에 거주하는 10여 명의 학부모가 모였다. 학교 얘기를 하다가 교육 전반을 걱정하다가 대안교육을 꿈꾸기도 하였

경남 | 하동

다. 그러다 아이들이 안전하고 자유롭게 놀 수 있는 공간에 생각이 미쳤고 도서관이 떠올랐다. 하지만 공간이 없었다. 이미 악양의 땅값은 치솟은 지 오래고 적당한 공간을 구하는 것은 하늘의 별 따기만큼이나 어려운 일이었다. 그렇다고 손 놓고 있기에는 그들의 욕망이 너무나 컸다.

냅다 일을 벌였다. 도서관을 꿈꾸던 학부모들은 악양 주변의 유적지나 나들이하기에 안성맞춤인 곳을 찾아 아이들과 함께 소풍을 갔다. 섬진강변을 거닐기도 했고 평사리 공원에서 뛰놀기도 했다. 도시락을 함께 나눠 먹으며 도서관을 왜 만들려고 하는지 취지를 설명하는 기회로 삼기도 했다. 이름하여 '동네 한 바퀴.'

발품으로 키워낸 도서관에 대한 열망 덕분일까. 마침내 2010년 9월, '작은 도서관 책보따리'(이하 책보따리 도서관)가 문을 열었다. 2천 원에서 1만 원까지 십시일반 후원하는 CMS 회원이 150여 명에 이르렀다. 그렇게 모인 50~60만 원으로 한 달한 달 도서관 살림을 꾸렸다.

다음 달, 책보따리 도서관은 문화체육관광부의 작은 도서관 조성지원사업에 선정되었고 리모델링 사업 지원금으로 1억원이 들어왔다. 기쁨도 잠시, 지역민과 귀농인 사이의 갈등이 불거지기 시작한 것이 바로 그 시점이었다.

"지역의 사랑방이자 아이들이 책을 보는 공간으로 도서관

일을 시작했을 뿐인데, 지역민들은 이것을 귀농인들의 단체 행동으로 받아들였던 것 같아요. 급기야 지역의 토박이 단체에서 사업권을 달라고 요구했어요. 지지하는 정당을 내세우며 정치적인 대립각을 세우기까지 했지요. 지역민과 귀농인의 소통을 위한 사랑방으로 생각했지만 지역민들에게 이곳은 귀농인들만의 사랑방이었던 것 같아요."

책보따리 도서관 관장을 맡고 있는 최난주 씨가 당시를 회고한다. 모임 초반, 그들은 그저 모이는 것만으로도 행복하고 즐거웠다. 때문에 도서관에 대한 공부는 상대적으로 충실하지 못했고 공간을 구하는 데 급급했다. 도서관이 무엇이어야 하는지, 왜 도서관이어야 하는지 고민이 필요한 시기였다. 외적인 갈등이 오히려 초심을 돌아보게 했다. '동네 한 바퀴'가 도서관의 취지를 알리기 위한 행사였다면 이후에는 사람들을 도서관으로 유도하기 위해 행사를 치렀다. 아나바다 장터가 그랬고, 토요일의 영화 상영이 그랬으며 주말 간식시간이 그랬다.

1년 만에 마무리될 사업이었으나 대상자로 선정된 지 2년이 되어서야 리모델링 부지가 결정되었고, 이듬해인 2013년 7월, 지금의 농협 창고로 도서관을 이전했다. 길고도 힘든 시간이었다. 그때마다 도서관이 생기기 전과 도서관이 생긴 후 아이들에게 일어난 변화를 생각했다. 변화는 아이들에게만 있었던 것은 아니었다. 어른들 역시 도서관을 준비하고 개관하고 갈등

경남 | 하동

을 겪으면서 성장했다.

"쉽지 않은 일이라는 걸 알았죠. 어떤 의도를 가지고 접근해서는 지역민과 소통할 수 없다는 걸 깨달았어요. 사실 이 도서관에서 일하는 귀농인들 모두 개인적으로는 지역 사람들과 잘 지내요. 그런 관계엔 의도가 없으니까요. 목적의식 없이, 시간이 걸리더라도 녹아들어 가야 하는 관계라는 생각이 들어요."

우리는 도서관에서 논다!

현재 책보따리 도서관의 가장 큰 역할은 방과 후 배움터의 역할이다. 악양 역시 학원을 다니거나 과외를 받는 아이들이 점차 늘어나고 있다. 하지만 도서관을 드나드는 아이들은 학원에 가지도 과외를 받지도 않는, 말하자면 '갈 데 없는 아이들'이다. 아이들은 그들의 본분인 '노는 일'을 하러 도서관으로 온다. 이럴 때마다 최난주 관장은 지금의 도서관 자리가 아쉽다.

이사하기 전에는 도서관 맞은편에 취간림이라는 큰 숲이 있었다. 아이들은 취간림에서 실컷 뛰어놀고 남은(!) 시간을 때우러 도서관에 왔다. 책은 2순위고 뛰어노는 일이 먼저였던 것이다. 그래서 최난주 관장은 지금의 도서관 주변이 아이들이 뛰노는 공간으로 탈바꿈하는 꿈을 꾸기도 한다. 이렇게 초등학교 시절을 놀이터 드나들 듯 도서관에서 보낸 아이들은 중학생이 되어서도 온다. 실은 와이파이가 되는 공간을 찾아 들어오는 것인지도 모른다. 스마트폰을 가지고 놀더라도 안전한 도서관에서 하는 편이 낫다는 것이 최난주 관장의 생각이다.

현재 도서관은 5명의 고정 당번과 3명의 구원투수에 의해 관리되고 운영된다. 이들은 모두 자원봉사자들이다. 하지만 엄마들도 점차 일자리를 찾는 추세라 당번을 구하는 게 쉽지만은 않다. 도서관 자원봉사는 우선순위에서도 밀린다. 하지만 당번을 서는 일에는 '도서관을 관리한다'는 액면 그대로의 가치 이상의 그 무엇이 있다. 당번을 서는 엄마들에게 도서관은 휴식의 공간이며, 내가 어떤 역할을 해내고 있다는 자부심을 부여하는 공간이기도 하다. 책보따리 도서관이 어떻게 지금에 이르렀는지 그 면면을 알고 있는 엄마라면 더욱 그렇다.

실제로 지난 석 달 동안 공공근로를 지원받아 당번 일을 맡기기도 했다. 엄마들은 휴가 얻은 셈치고 그 기간 동안 당번 일을 쉬었다. 공공근로도 일을 참 잘해주었다. 그런데 당번을 서지 않는 동안 정작 도서관에 대한 관심은 그만큼 줄어들었다.

"당번이 없으니까, 아는 얼굴이 없으니까 도서관에 안 가게 되더라는 사람들도 있었어요. 사랑방 역할이 줄어들었다고나 할까요. 공공근로가 서는 동안에도 매주 당번회의를 하긴 했죠. 하지만 일주일에 한 번이라도 꼭 나와 보는 게 쉽지 않더라고요. 당번 구하기가 점점 힘들어지니 공공근로를 거부할 수도

없고, 공공근로가 오면 아무래도 우리들의 도서관이라는 생각
이 엷어지고…… 참 고민되는 부분이에요."

마을 도서관의 의미를 되새기며

지역민과 귀농인이 어우러지는 사랑방이라든가 아이들이
뛰노는 공간 확장에 대한 꿈은 아직 욕심에 불과하다. 책을 읽
고, 책을 이야기하고, 책을 통해 세상을 보는 도서관 본연의 역
할에 충실하고자 하는 것, 그것이 책보따리 도서관이 바라는 미
래다.

"그래도 학교 말고 아이들이 신나게 뛰어놀 수 있는 공간이
꼭 있었으면 좋겠어요."

최난주 관장의 바람은 어쩌면 놀이 보따리를 풀러 책보따
리 도서관에 들어서는 아이들의 소망이고 바람인지도 모른다.

• 작은 도서관 책보따리는 지역 주민의 뜻을 모아 자발적으로 설립한 사설 도서관이다.

• 작은 도서관 책보따리의 가장 큰 역할은 방과 후 배움터의 역할이다.

5
지리산 너른 교실에서
이웃과 함께 배움을 나눠요

지리산학교

악양면에 위치한 '지리산학교'는 지리산을 사랑하는 생활문화인
들이 모여 만든 현장학교입니다. 지역사회와 주민들의 삶이 더
욱 풍요롭고 즐거워지길 꿈꾸는 사람이라면 누구나 참여할 수
있습니다.

숲길을 걷습니다. 숲길을 걸으며 자연과 대화하
고 산에서 숨 쉬는 법을 배웁니다. 섬진강과 악양이 한
눈에 내려다 보이는 구제봉에 서니 탁 트인 풍광에 탄
성이 절로 나옵니다. _숲길걷기반

정갈한 마음가짐, 조심스런 손길로 나무와 친해
지려 합니다. 나무를 알아가려 합니다. 나무와 놀아보
려 합니다. 그렇게 천천히 나무의 세계에 들어서려 합
니다. _목공예반

지역에 대한 공감대가 우선!

2009년 5월 지리산학교가 문을 열었다. 지리산을 사랑하여 지리산 인근인 악양, 화개 지역에 삶의 터를 잡은 시인, 산악인, 사진작가, 도예가가 주축이 되었다. '열린 학교, 움직이는 학교, 소박한 학교'를 꿈꿨던 그들은, 개개인의 작업실에서 벗어나 자신의 재능을 더불어 나누고자 했다. 시문학반, 숲길걷기반, 목공예반, 사진반을 비롯하여 모두 10여 개의 강좌가 개설되었고 그 배움의 터에 동참하고자 악양은 물론, 하동, 진주, 광주에서 모여든 수강생이 60여 명을 웃돌았다. 수강생은 일주일에 한 번씩 3개월 동안 모두 열두 차례의 강의를 듣는다. 재능 나눔의 의미가 컸던 개교 초기에 비해 최근에는 생활밀착형 강의로 전환되는 분위기다. 또한 지리산학교에서 과정을 수료한 선배들이 다시 강사가 되어 후배들을 제자로 삼는다. 선생이 학생 되고 학생이 선생 되는 그야말로 열린 학교다.

"악양 인근에 사는 지역민이라면 누구나 강좌를 개설할 수 있습니다. 선생님들은 다른 강좌의 학생이 될 수 있구요. 그 강좌가 지역민의 실생활에 도움이 될 만한 강의인지, 무엇보다 강좌를 꾸려나갈 강사가 지역에 공감대를 갖고 있는 분인지 운영위원회에서 판단을 합니다."

2014년 현재, 지리산학교의 대표교사직을 맡고 있는 유걸 씨의 이야기다. 유걸 씨 역시 몇 년 전 숲길걷기반의 학생이었

경남 | 하동

고, 지금은 산야초반과 야생화반을 담당하고 있는 지리산학교의 교사다.

다양성이 인정되는 수평적 구조를 확보하다

강의가 시작되는 첫 달과 마무리되는 달의 마지막 토요일은 '지리산학교의 날'이다. 매 학기 총 15개 이상의 강좌가 열리고 한 강좌의 정원이 10명 내외이니 학기가 끝날 때마다 적게는 100명에서 많게는 150명의 수료생이 배출된다. 같은 학교에서 공부를 하더라도 다른 강좌의 학생과는 교류가 부족한 편이다. 그래서 전체 수강생이 어울릴 수 있는 프로그램이 필요했다. 입학식과 종강식을 '지리산학교의 날'로 갈음하기도 하고 특강을 준비하는가 하면, 산과 들로 소풍을 가거나 물놀이를 떠나기도 한다. 또한 매년 12월에는 그해 세 기수의 합동 종강발표회가 열린다. 다양한 강좌만큼이나 다양한 전시물과 공연이 펼쳐진다.

지리산학교에 힘입어 한라산학교, 소호마을 문화학교, 지리산학교 구례, 지리산학교 남원/함양 등 크고 작은 배움과 나눔의 장이 펼쳐졌다. 개중에는 개점휴업 중인 곳도 있고 보다 활발한 배움의 활동을 펼치는 곳도 있다. 기대 이상의 호응이었고 뜻밖의 결과였다. 그러나 단기간에 괄목할 만한 성과를 낸 지리산학교도 지난 2011년 내부적으로 큰 홍역을 치렀다. 유결 씨는 당시를 이렇게 회고했다.

"학교 역시 조직이고, 조직이 성장해가는 과정이었다고 생각해요. 같은 공간에 모였어도 사람들의 생각은 다 다르잖아요. 갈등은 생길 수 있는 것인데 그 갈등으로 인한 충돌을 수렴해내기가 어려웠어요. 갈등을 조정하는 역할이 얼마나 중요한지 절감했다고나 할까요."

교사 중심으로 꾸려졌던 지리산학교 운영위원회는 내부 갈등을 계기로 교사뿐만 아니라 각 강좌의 반장으로 구성된 학생 대표 및 동문 대표로 확대 구성되었다. 독단적인 의사결정을 견제하고 서로 다른 입장의 의견을 공평하게 받아들이기 위한 선택이었다. 이로써 다양성을 인정하는 수평적 구조가 확보된 셈이었다.

전문성을 띠었던 강사진의 성격에도 변화가 왔다. 지식과 기술을 전달하는 일도 중요하지만 소통의 문제가 먼저 해결되어야 했다. 원활한 소통은 배움터를 삶터로 바꾸는 데도 일조했다. 실제로 지리산학교를 통해 하동 인근에 귀농한 수료생들도 적지 않다. 때문에 지리산학교는 학생이 선생 되는 열린 학교일 뿐 아니라 학생이 주민 되는 너른 학교이기도 하다.

"지리산학교에서 학생들을 만나는 일은 참 감사한 일입니다. 다양한 체험을 할 수 있고 어울림의 통로가 되어주기도 하지요. 선생은 많이 아는 사람이 아니라 먼저 안 것을 나누는 사

람이라고 생각해요. 가르치는 일은 나누는 일이고 오히려 가장
잘 배울 수 있는 기회이기도 하죠."

학생 신분에서 이제는 교사 역할을 맡게 된 유걸 씨가 돌아
본 지리산학교의 의미다.

풍요로운 삶터를 위한 생활문화형 학교를 꿈꾸며

지리산학교는 배움터이자 삶터가 되기 위해 암중모색 중이
다. 비영리 민간단체 승인을 받기도 했고 외부지원 준비팀을 꾸
리기도 했다. 적정한 수준의 교사 처우와 원활한 수업 운영을
위해서도 외부 지원이 필요하다고 판단했기 때문이다. 생활밀
착형 교육을 위한 노력도 멈추지 않고 있다. 캘리그래피 강좌에
서는 캘리그래피를 이용한 인터넷 홍보 방법을 공유하여 학생
및 동문의 온라인 물품 판매를 독려하고 있으며, 귀농과 귀촌을
꿈꾸는 이들을 위해 개설된 귀농귀촌반은 다른 강좌와는 달리
무료로 운영된다.

재능 나눔을 통한 열린 학교를 실현하고자 문을 연 지리산
학교는 이제 실질적인 도움을 제공하는 생활문화학교로 자리
잡고 있다. 공자는 말했다. 태어나면서부터 아는 자(生而知之)
가 곧 성인인데, "나는 태어나면서부터 도를 안 사람이 아니다
(我非生而知之者)"라고. 그에게 배움이란 완성하는 것이 아니라

연마하는 것이었고, 때문에 군자의 가장 큰 덕목을 배우는 일에서 찾았다. 열린 학교, 움직이는 학교, 소박한 학교를 꿈꾸었던 지리산학교가 너른 학교, 찾아가는 학교, 연대하는 학교를 향한 행보를 멈출 수 없는 이유도 여기에 있다.

6
'배움'이라는
순례의 길 위에 서다

온배움터

'온배움터'는 2003년 새로운 대안문명대학을 표방하며 개교한 '녹색대학'의 다른 이름입니다. 온배움터는 '생태문화공간'을 온전하게 보존하고 회복할 뿐만 아니라 나아가 새롭게 창조하는 한편, '지금, 여기'라는 특정 공간에서 공동으로 실현할 수 있는 능력을 키워나가고자 합니다.

《기초과정 수업시간 1》

오늘의 생태건축 수업은 생태뒷간 만들기. 배설물로 물을 헛되게 낭비하지 않고 흐르는 물을 더럽히지도 않는다. 무엇보다 그 배설물이 다시 밭의 작물을 키우는 데 쓰이며 똥이 곧 밥임을 상기시킨다.

《기초과정 수업시간 2》

교문 밖에서 펼쳐지는 오늘의 수업은 지역읽기 수업. 마을 이곳저곳을 살피고 마을지도를 만든다. 마을의 역사와 문화를 기억하고 기록한다. 그리고 무엇보다 저마다의 방식으로 마을의 주민들을 만난다.

《동아리 모임》

살림 모임에서 집밥을 만든다. 콩조림, 콩나물무침, 멸치조림에, 마당에서 함께 뜯은 쑥으로 끓인 도다리쑥국. 살림관 가득, 배움터 가득 퍼지는 쑥 향. 봄 냄새가 물씬 풍긴다.

《전문과정 수업시간》

자연치유력을 믿는 사람들이 모여 몸의 균형을 잡는다. 종합적이고 전인적인 치료와 생태적 삶을 바탕으로 건강한 삶을 꿈꾸는, 의료 서비스의 소비자가 아니라 스스로 건강의 주체가 되고자 하는 이들을 위한 배움의 장이 펼쳐진다.

대안교육의 열망이 실현되나

2003년 녹색대학이 문을 열었다. 가칭 '시민환경대학원' '환경대학' 등 대안적 대학 설립을 위한 논의가 시작된 것이 1995년의 일이었다. 2001년 초여름부터 이듬해 초봄까지 '녹색대학'이라는 이름의 추진체가 구성되었고 후원회원 및 발기인을 모집했다. 창립위원회가 서고 토론회가 개최되었다. 대학 부지로 선정된 함양 백전중학교 리모델링 작업이 시작되었으며 공청회도 열렸다. 학교 인근에는 녹색대학의 배후 마을인 청미래마을이 조성되기에 이르렀다. 본격적인 개교 이전에 예비 녹색대학이 열리고 1기 신입생들은 여러 차례에 걸쳐 워크숍을 실시하는 등 대안적 대학 설립을 위한 준비는 꼼꼼했고 열기는 뜨거웠다. 2014년 현재 '온배움터'의 운영위원장을 맡고 있는 노재화 목사가 당시의 열기를 회상한다.

"굉장했어요. 전문과정과 학부생 모두 합쳐 100명이 넘는 신입생이 들어왔으니까요. 이 운동장에 학생들의 숙소로 사용될 컨테이너 열 동이 들어섰습니다."

학생들은 스스로 교재를 만들고 수업을 계획했다. 그렇게 만들어진 계획서에 따라 강사를 요청했고, 학교 측은 학생들의 요청을 받아들였다. 교육의 틀을 깨는 교육이었고 그 알맹이는 신선했다. 주말이면 하동, 울산, 서울 등 각지에서 전문과정 수강생이 모여들었다. 제주도에 살고 있는 수강생은 바다를 건넜다. 수업하고 토론하고 못다 한 이야기는 뒤풀이 자리에서 계속되었다. 숙취와 졸음을 달래가며 이튿날에도 그들의 배움은 멈출 줄 몰랐다. 녹지사(녹색의 문명과 생태, 녹색교육을 지원하고 지탱하는 사람들)의 회원이 되어 재정적·심정적 후원을 하는 사람도 적지 않았다. 개교 당시 녹지사의 회원은 2천 명, 후원회원만 따지더라도 1천 명을 육박했다. 그만큼 대안적인 삶과 대안적인 교육에 대한 열망이 크고 간절한 시기였다.

녹색대학에서 온배움터로

개교한 지 3개월 만에 갈등이 불거졌다. 녹색대학의 외부 지원을 위한 사회적 기업과 학교 재정이 뒤엉키기 시작했다. 비상대책위가 꾸려졌다. 그러나 의문점에 대한 투명한 답변은 제시되지 못했다. 이사회 체제에서 운영위원회 체제로 전환되는 사이, 상황은 더욱 어려워졌고 학교 건물이 경매로 넘어가기에 이르렀다.

3기까지 20여 명의 학생이 유지되던 학부과정은, 4기에 이르자 네댓 명으로 줄어들었고 녹지사의 후원내역 또한 절반으로 감소했다. 도덕적 잣대가 엄격한 대안교육기관에서 재정 불투명은 용납되기 어려웠다. 노재화 목사는 당시를 이렇게 회고했다.

경남 | 함양

"단순히 돈에 욕심이 나서 이런 일이 벌어진 건 아니라고 생각해요. 어찌 됐든 사람이 하는 일이잖아요. 아무리 훌륭한 이념일지라도 이념, 그 내면을 봤어야 했어요. 오히려 이념적으로 동의하는 건 쉬운 일이죠. 하지만 자기의 내면을 드러내고 타인의 내면을 봐주는 일에는 너무 서툴렀어요. 한마디로 우리 모두 훈련이 되어 있지 않았던 거죠."

그러나 이토록 혹독한 시기에도 녹색대학의 대안교육을 위한 행보는 멈추지 않았다. 2007년 2명의 학부 졸업생이 배출되었다. 이들은 4년 동안 생태적 교육과 공동체적 삶을 몸으로 실현한 영광스런 졸업생들이었다. 학교의 현안을 해결하기 위한 노력 또한 계속되었다. 학교의 모든 구성원이 참여하는 '야단법석'(총회)을 통해 의견을 모으고 운영위원회를 거쳐 운영방식을 결정하는 등 투명하고 민주적인 의사결정 구조를 확립하였다.

학교 운영이 가닥을 잡아갈 즈음, 이번에는 학교의 명칭이 문제가 됐다. "비인가대학이므로 '대학'이라는 명칭을 사용해서는 안 된다"는 경고를 매년 받아온 터였다. 그러나 참여정부에서 이명박정부로 넘어가면서 경고는 실질적인 제재로 바뀌었다. 녹색대학은 정식으로 고발조치 당했고 재판을 통해 벌금 300만 원을 내야 했다. 이에 녹색대학은 '온 인격 형성을 위해 조화롭고 균형 있게, 그리고 상호 보완적으로 공부한다'는 뜻의 '온배움터'로 이름을 바꿨다. 내부적인 성찰도 한몫을 했다.

언제부터인가 녹색대학에서조차 공부수행 능력이 아닌 입학 자격을 따지기 시작했다. 전문과정은 학부 졸업생 이상의 자격을 갖추어야 한다거나 고졸 출신이 전문과정에 들어가기 위해서는 별도의 과정을 개설해야 한다는 등 일반대학의 관습을 무분별하게 수용하기도 하였다. 대안적 대학 설립이라는 녹색대학의 개교 이념과도 맞지 않는 기준이었다. 이처럼 웃지 못할 상황이 벌어진 이유는 무엇일까. 노재화 목사가 내린 진단은 정확한 만큼 아프다.

"공동체가 뭔지, 생태적인 삶이 어떤 것인지 책을 통해 이론적으로는 배웠지만 몸이 따라주질 않았다고 할까요. 또 '이미 우린 다 알고 있다'는 허위의식도 한몫을 했죠. 삶과 앎이 일치하는 배움이 되지 못했던 거예요."

삶과 앎이 일치하는 배움터를 희망하며

현재 온배움터에는 4명의 기초과정 학생이 머물고 있다. 이제 그들은 컨테이너가 아닌 정식 기숙사에 머물며 생활한다. 생태건축 수업을 통해 학생과 선생님이 함께 만든 기숙사이다. 격주 주말이면 전문과정 자연의학과 수강생들로 학교에 활력이 넘친다. 학생과 교사의 밥살림과 어가를 책임질 살림관도 세워졌다. 뜻있는 학부모의 기부로 가능한 일이었다. 운영에 보탬이 되고자 다시 학교를 찾는 이들도 늘어났다. 노재화 목사를 비롯한 졸업생들이 현재 온배움터의 교사로 혹은 조교로 활동하고 있다. 녹지사의 절반 이상은 떨어져 나갔지만, 아직 남아 있는 300여 명의 후원회원은 여전히 큰 힘이 된다. 이들은 대부분 원년 멤버들이다. 노재화 목사는 다음과 같이 온배움터의 미래를 전망했다.

"시골에 건물이 있는, 어른이 다니는 대안학교, 이 학교에 이 시대가 부여하는 역할이 무엇인지 생각해봐야 합니다. 힘든 시기를 오랫동안 겪어왔기 때문에 가능하면 갈등 상황을 만들지 않으려는 분위기가 없잖아 있어요. 계속 이런 상태여서는 안 되겠다 싶어 새로운 시선으로 학교를 바라볼 준비 중입니다. 그 일을 함께하실 운영위원들도 새롭게 모실 계획이에요."

성장의 고통은 컸지만 그 아픔은 헛된 것이 아니었다. 결국 그 고통은 서로를 자라게 했고 서로가 스승이 되었으며, 그리하여 이곳은 삶을 연습하는 공간이 되었다. 병든 시대와 병든 문명 속에서 구체적 현장이 변하지 않으면 근본적인 치료 역시 불가능하다는 '온배움터'의 이념은 '생태문화공간'을 창조할 일꾼을 양성하는 일로 현실화되었다.

온배움터를 나선다. 백전에서 병곡에 이르는 37번 지방도가 펼쳐져 있다. 한 달 전만 해도 벚꽃이 만발했을, 지금은 연두가 초록에게 한창 자리를 내어주고 있는 이 길. 비록 화려했던 그 꽃은 지고 없지만, 내년이면 이 길 위에 벚꽃은 또 만발하리라. 그 길의 끝에, 피고 지는 꽃잎을 서러워하지 않는 사람들, 온 인격의 조화롭고 균형 있는 성장을 꿈꾸는 사람들의 배움터, '온배움터'가 있다.

함께 걷는 길은 두렵지 않다

지리산 종교연대

'지리산 종교연대'는 개신교, 불교, 원불교, 천주교 등 4대 종단 성직자로 구성된 단체로서, 지리산권에서 벌어지는 다양한 환경 문제, 지역 갈등, 역사적인 상처 등을 바르게 인식하고 따뜻하게 보듬어내기 위해 노력하고 있습니다.

1997년 지리산댐 반대운동을 계기로 지리산권에 다양한 시민단체가 일어서기 시작했다. 개신교, 불교, 원불교, 천주교의 4대 종단 성직자로 구성된 '지리산 종교연대'도 그중 하나다. 지리산 종교연대는 지리산에 둥지를 튼 여러 종교단체가 연대하여 지리산권의 현안에 능동적으로 대처하기 위해 2001년에 만들어졌다. 2000년에 이미 백지화되었던 댐 건설 문제가 2007년 다시 불거졌고, 외부 활동에 좀더 적극적인 종교인들이 결합하면서, 2010년 무렵부터 활동이 더욱 활발해졌다.

지리산권에서 벌어지는 다양한 환경문제, 지역 갈등, 역사적인 상처 등을 인식하고 보듬기 위해 종교인들이 담당하는 역할은 적지 않다. 지리산 종교연대 역시 지리산댐 반대운동, 지리산권 케이블카 반대운동, 골프장 반대운동, 하동 십리벚꽃길 확장공사 반대운동 등에 뜻을 함께했다. 종교인들은 현안에 민감하게 반응하지는 않지만 기도하고 중재하며 힘을 끌어내는 역할을 한다.

함께 찾아 나서는 생명평화의 길

2011년, 생명평화의 마음으로 생명평화의 길을 찾아 나서는 '지리산 천일 순례'가 시작되었다. 이념을 앞세우고 갈등을 조장했던 지난날을 속죄하며 생명을 존중하고 평화를 기원하는 순례의 길에 종교연대가 앞장섰다. 생명평화를 기원하는 이 길 위에서 순례자들은 오히려 자신을 돌아보고 성찰할 기회를 얻었다. 순례의 힘이었다. 뒤로 갈수록 힘이 달리긴 했지만, 마지막 2박 3일의 집중 순례 기간은 유종의 미를 거둘 수 있었던 시간이었다. 2011년 4월 운봉에서 시작된 천일 순례는 2013년 11월 산청 성심원에서 마무리되었다. 지리산이었기에 가능했던 연대였고 순례였다.

몇 해 전부터는 성직자들이 한데 모여 공을 차고 운동장을 달린다. 2010년부터 펼쳐진 '종교인 한마당' 행사다. 엄숙한 성직자의 모습은 온데간데없다. 스님과 천주교도와 목사님과 불자가 섞여 한목소리로 응원을 하고 함께 노래를 부른다. 한마당이 마무리될 무렵, 평소 친분이 남달랐던 스님과 수사는 서로의 옷을 바꿔 입고 기념촬영을 한다. 종교연대 속에서 이들은 특정종단의 성직자가 아닌 그저 사람 대 사람으로 만나고 어울린다.

지리산 종교연대는 2010년부터 매년 6월 즈음 '지리산 생명평화 기도회'를 열었다. 6.25전쟁 당시 좌우 이념 대립으로 희생된 이들을 추모하는 기도회다. 세월호 사건 이후 '천일순례'가 다시 제안된 상태이기도 하다. 왜곡된 역사를 바로잡고 억울하게 희생된 영혼을 위로하는 일이야말로 종교연대를 통해서 가능한 일이다.

지리산 종교연대는 1년에 4번, 계절마다 한 번꼴로 공부모임을 갖는다. 한 종단이 그날의 공부모임을 주관하여 그 종단의 수행법과 종단이 생각하는 생명평화는 무엇인지 이야기한다. 서로를 이해하고 그 이해를 바탕으로 소통하기 위함이다. 이 공부모임은 지리산 종교연대와 사단법인 '숲길'이 공동 주관하는 '3일 순례 프로그램'의 일부로, 목요일에 공부모임을 갖고 금요일에는 숲길과 함께 마을을 순례하며 토요일에 마을의 평화를 위한 기원제를 연다. '3일 순례 프로그램' 중 일부는 '마을순례'라는 이름으로 일반인들에게도 열려 있다.

각자가 바라보는 하늘은 다르지만, 생명평화를 위한 그들의 염원은 다르지 않다. 묵묵히 걷기만 했던, 길인 줄 모르고 걸었던 그 길이 어느새 그들의 길이 되었다. 함께 가는 길이기에 그 길은 두렵지 않다.

마을순례

지리산 송교연대와 사단법인 '숲길' 그리고 둘레길 이용객이 매월 마지막 주 금·토요일에 마을을 깊이 있게 만날 수 있는 1박 2일 프로그램으로, 지리산 둘레길 홈페이지 (jirisantrail.kr)를 통해 신청할 수 있다.

지리산에선 또 어떤 일들이 벌어지고 있을까?

지리산여행협동조합

지리산여행협동조합은 숲 여행, 마을 여행, 산 여행을 통해 지리산의 아름다움과 지리산의 품 안에 살아가는 사람들을 만날 수 있는 공정여행을 진행하는 여행사다. 2015년 7월, 80여 명의 조합원이 모여 남원시 산내면에 만들어진 지리산여행협동조합은 매달 정기여행과 특별여행을 통하여 지리산을 찾는 사람들과 마을 사람들이 서로 상생할 수 있는 기회를 만들어나가고 있다.

- 홈페이지: http://jirisantravel.com
- 주소: 전북 남원시 산내면 천왕봉로 785
- 전화: 070-4100-1915
- 프로그램 문의: jirisantravel@gmail.com

반찬나눔 '게미'

산내여성농업인센터와 슬로시티가 지원하는 반찬나눔 '게미'는 대표적인 발효식품인 장아찌 만드는 법을 배우고, 여기에 두어 개의 반찬을 보태어 주변의 어려운 이웃과 나누어 먹음으로써 배우는 기쁨을 누리고, 이웃과 알고 지내는 계기를 만들어가는 모임이다. '게미'는 전라도 말로 '맛있다'는 의미의 '게미지다'에서 따온 이름이며, '개미'처럼 열심히 활동하겠다는 뜻도 담겨 있다. 반찬나눔 '게미'는 매월 넷째 주 일요일마다 산내 이곳저곳으로 반찬 배달을 하고 있다.

게스트하우스 '쉬는 발걸음'

'쉬는 발걸음'은 한센인의 보금자리인 산청 성심원 경내에 자리 잡은 게스트하우스다. 지리산 둘레길 수철~운리 구간의 경유지이자 지리산 둘레길 산청센터와 한 지붕 아래 동거동락하고 있는 '쉬는 발걸음'은 다수의 유희보다는 한 사람의 참된 휴식을 꿈꾸는 조용하고 경건한 쉼터다. 다양한 맞춤 프로그램을 통해 진정한 '쉼'과 '휴식'의 순간을 맛볼 수 있다.

- 주소: 경남 산청군 산청읍 내리 100
- 전화: 055-974-0898

두꺼비

"두껍아, 두껍아 헌집 줄께, 새집 다오." '두꺼비'는 헌 집을 새 집처럼 고쳐주는 지리산 자락의 작은 마을 산내의 집수리 모임이다. 25명에 육박하는 40~50대 남자들이 매달 첫번째 일요일에 모여 혼자 사는 어르신들의 집을 수리하고 겨울 땔감 채운다. 가끔은 독거 처녀의 집을 수리해주기도 하는 두꺼비는 회원들의 정기회비로 수리비를 충당하며 외부로부터 지원받지 않는 것을 원칙으로 하고 있다.

악양 들판장

구례 하면 '콩장,' 악양 하면 '들판장!' 들판장은 농번기(5~7월)를 제외한 매월 둘째, 넷째 토요일 오후 2~5시, 악양면 평사드레 문화교류센터 공터에서 열린다. 남녀노소 고향불문 누구나 참가할 수 있지만, 참가자가 직접 만든 물품에 한해 판매할 수 있다.

악양 동네밴드

소박한 삶을 택하였으나 문화적인 욕구만은 양보할 수 없는 악양면민들의 자체, 자발 프로젝트. 이름하여 동네밴드! 귀농인들이 주축이 되어 결성한 밴드로 나이를 불문하고 다양한 구성원들이 참여하고 있다.

햇밀 축제

'지리산닷컴'이 벌이는 또 하나의 기발, 발랄한 축제. 구례 오미동 일대에서는 햇밀 수확 시기인 6, 7월경 햇밀 축제가 펼쳐진다. 우리밀로 뽑은 국시도 맛보고 햇밀로 만든 갓 구운 빵을 시식할 수 있는 햇밀 축제는 기획부터 진행까지 마을 주민의 힘으로 펼쳐지는 마을 축제다.

지리산 생명평화 기도회

남북화해와 상생을 염원하고 안전하고 평화로운 사회를 위하는 마음을 담아 매년 6월을 전후로 지리산 일대에서 열리는 기도회다.

용유담아 친구하자

지리산댐 건설계획을 이유로 국가명승지정이 보류된 용유담 둘레를 직접 답사하는 프로그램이다. 지리산 용유담의 생태 · 역사 · 문화적인 가치를 몸으로 느낄 수 있는 기회.

지리산 어린이 계절학교

매년 여름과 겨울이면, 발우공양, 물놀이, 지리산 둘레길 걷기, 전래놀이 등을 체험할 수 있는 '지리산 어린이 계절학교'가 열린다. 실상사 작은학교에서 주관하고 있으며, 4박 5일 일정으로 만 11~13세(초등학교 4~6학년) 어린이가 참가할 수 있다. 모둠교사 중 특수교육을 전공한 대학생이 있어 장애를 가진 어린이들도 함께할 수 있다. 자세한 내용은 www.jakeun.org에서 확인 가능하다.

지리산 커뮤니티
한눈에 보기

인드라망
사회연대쉼터
(귀정사)

지리산
시골살이학교

지리산
문화공간 '토닥'

지리
지리산

살래청춘식당
'마지'

남원아이쿱
소비자생활협동조합

실상사
작은학

남원시

협동조합 '자연에서'

실

구례군

구례읍

콩장

한겨레통일문화재단
평화공원

맨땅에 펀드
(오미리)

공간협동조합
'째깐한 다락방' &
협동농장조합
'땅 없는 사람들'
(국립공원을 지키는 시민의 모임)

햇밀 축제

익양 들핀징

지리

리산 생명연대 &
리산 여행협동조합

● 온배움터

● 카페 '빈둥'

함양군

당

사
학교

나눔꽃 & 살림꽃   용유담아 친구하자
(사단법인 한생명)

실상사

성심원(게스트하우스 '쉬는 발걸음')

●   ●······ 간디유정란농
········ 간디고등학교

산청군

**지리산
국립공원**

**지리산
둘레길**
(지리산 생명평화 기도회)

작은 도서관
책보따리

하동군

악양면

악양 동네밴드

링

리산학교 ·········

〰〰〰 **지리산 둘레길**

♦ 더 알아보기

1부 전남 구례

구례군민극단 '마을'
홈페이지: http://cafe.daum.net/jiriplay

맨땅에 펀드
홈페이지: http://jirisan.com (지리산닷컴)

협동농장 '땅 없는 사람들'
(국립공원을 지키는 시민의 모임)
홈페이지: http://cafe.daum.net/npcn

공간협동조합 '째깐한 다락방'
주소: 전라남도 구례군 구례읍 봉성로 49 2층

콩장
주소: 전라남도 구례군 구례읍 봉북리
서시천 공설운동장 산책로
(매월 첫째, 셋째 토요일 오후 3~6시)
홈페이지: http://blog.daum.net/illtaldia

지리산 둘레길 (사단법인 숲길)
홈페이지: http://jirisantrail.kr
지리산 둘레길 프로그램 문의: 055-884-0850

지리산 아트 프로젝트 2014
홈페이지: http://jirisanproject.net

2부 전북 남원

『지글스』
페이스북: https://www.facebook.com/zigls
정기구독 및 구입 문의: zigls2014@gmail.com

지리산문화공간 '토닥'
주소: 전라북도 남원시 산내면 대정길 127
홈페이지: http://jirisaneum.net/todakspace
전화: 070-4123-2012

『산내마을신문』
홈페이지: http://www.jirisalae.com (살래닷컴)

지리산 생명연대
주소: 전라북도 남원시 산내면 천왕봉로 785
홈페이지: http://savejirisan.org
전화: 063-636-1945

행복한 가게 '나눔꽃' & 재활용 작업장 '살림꽃'
주소: 전라북도 남원시 산내면 천왕봉로 804
페이스북: https://www.facebook.com/
groups/657140754379470/

수달모니터링팀 '아! 수달'
홈페이지: http://cafe.daum.net/eco-ludens
(자연놀이터 그래)
참가 문의: info@myjirisan.org

협동조합 '자연에서'
주소: 전라북도 남원시 원천로 126-3
홈페이지: http://www.naturcoop.net
전화: 063-636-8867

인드라망 사회연대쉼터
주소: 전라북도 남원시 산동면 대상2길 246
홈페이지: http://www.shimte.org
전화: 063-626-0106

살래청춘식당 '마지'
주소: 전라북도 남원시 산내면 천왕봉로 721
페이스북: https://www.facebook.com/
sannaesalae
전화: 070-7794-0302

카페 '빈둥'
주소: 경상남도 함양군 함양읍 교산1길 3
홈페이지: http://cafe.bindoong.com
전화: 070-7760-4883

간디고등학교
주소: 경상남도 산청군 신안면 둔철산로 210
홈페이지: http://gandhischool.net
전화: 055-973-1049

간디유정란농장
주소: 경상남도 산청군 신안면 외송리 산 17번지
둔철산 자락 안솔기마을
전화: 055-973-2962
홈페이지: http://cafe.daum.net/gandhifarm

작은 도서관 책보따리
주소: 경상남도 하동군 악양면 악양서로 384
홈페이지: http://cafe.daum.net/chackBo
전화: 055-884-4192

지리산학교
주소: 경상남도 하동군 악양면 하평길 39-8
홈페이지: http://cafe.daum.net/jirisan.school
전화: 055-883-3245

온배움터
주소: 경상남도 함양군 백전면 구산대안로 10-2
홈페이지: http://www.green.ac.kr
전화: 055-964-9987

지리산 종교연대
홈페이지: http://cafe.daum.net/jiriunion

실상사
주소: 전라북도 남원시 산내면 입석리 50번지
홈페이지: http://www.silsangsa.or.kr
전화: 063-636-3031

실상사 작은학교
주소: 전라북도 남원시 산내면 천왕봉로 806
홈페이지: http://www.jakeun.org
전화: 063-636-3369, 3878